JN100601

口絵-1　踊るハート達（第3章）　口絵-1, 3は，日本の代表的な錯視研究者であり，また錯視を応用したアート制作で知られる北岡明佳（立命館大学教授）による作品。本を上下に動かすと，ハートが動いて見える。（(C)はp.6）

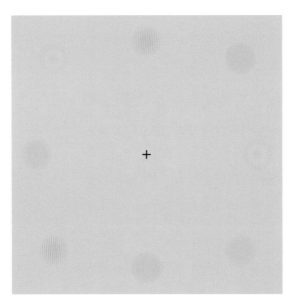

口絵-2　トロクスラー効果（第1章）　中央の＋を凝視し続けると，周辺視野の色点が消えてしまう。これは，一定の刺激が連続して与えられると順応が起こり，感覚系の感度が低下するために起こるとされている。描画・北岡明佳

口絵-3　蛇の回転（第3章）　最適化型フレーザー・ウィルコックス錯視。北岡による錯視を応用した数多くの作品は，立命館大学の「北岡明佳の錯視のページ」（http://www.ritsumei.ac.jp/~akitaoka/）で見ることができる。((C)は p.6)

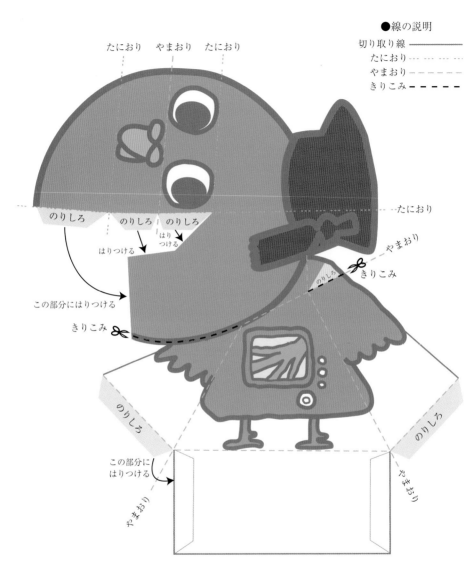

●線の説明

切り取り線 ――――――

たにおり ・-・-・-・-

やまおり ― ― ― ―

きりこみ ■ ■ ■ ■ ■

口絵-4　放送大学まなぴ―リュージョン（第3章）　リバース・パースペクティブを体験する。このページをコピーして，用紙を指示に従って切り抜いて組み立ててみよう。顔の部分が凹になるのがポイント。完成図は51ページにあるので参考にしてください。

口絵-5　イエズス会の伝道の寓意　アンドレア・ポッツォ（1691～94 ローマ、サンティニャーツィオ聖堂）この天井画を真下の一点から見上げると、画中のすべての建物が天空へとせり上がって見える。「クアドラトゥーラ」の傑作である。

口絵-6　アレティーノの肖像　ティツィアーノ（1545 年ごろ　フィレンツェ，ピッテ
ィ美術館）　見る距離に応じて，ヴェネツィア派の巨匠，ティツィアーノの筆致は，
光沢の再現にも絵の具そのものの重なりにも見えてくる。

口絵-7 アルジャントゥイユの橋 クロード・モネ（1874 パリ、オルセー美術館） 印象主義絵画は、「筆触分割」と「視覚混合」に支えられた鮮やかな画面で見る者を楽しませる。（（C）は p.6）

口絵-8　ナルキッソスとエロス（1世紀，ポンペイ考古学監督局）　一見，ほぼ無傷のイメージだが，実際には補彩箇所も多い。「視覚混合」を修復に応用した事例。

口絵-9　上図の一部　補彩箇所（口絵-8，9の（C）は p.6）

口絵-10　朝の歌　ブリジット・ライリー　(1975　川村記念美術館)　オプティカルアートの好例

錯覚の科学

菊池 聡

（改訂版）錯覚の科学（'20）

©2020　菊池　聡

装丁・ブックデザイン：畑中　猛

s-26

まえがき

　人生は「錯覚」でできている……とまで表現すると，言い過ぎだろうか。

　こんな言い方は賢人たちが人生を振り返ってつぶやきそうな台詞だが，そのような文学的な含意はさておいて，私たちの日常生活は，文字通りの「錯覚」なしには成り立たないというのは，また事実なのである。

　私たちは誰もが，自分が世界を正しく認識していることを自明の前提に毎日を生きている。「この目で確かに見た！」というのは物事が確実なことを雄弁に表している。しかし，それは，必ずしも正確さを保障するものとは言えない。錯覚の数々を体験すると，自分のリアルな感覚と客観的な外的世界との間に，確実にズレが存在することが驚きと共に実感されるに違いない。控えめに言っても，私たちは「思い込みの世界」に生きていると言うべきだろう。

　しかし，そんな考え方に戸惑う方もおられるかもしれない。「錯覚って図形の線の長さが違って見えたりすることでしょう？　それだけで，人が「思い込み」の世界に生きているなんて，なんて大げさな……」といったご感想もあるだろう。しかし，そうした錯視図形は，錯覚のほんの一つの表れでしかない。錯覚を作り出している心のシステムは，私たちが想像している以上に，人のものの見方，考え方を規定し，客観的世界とはまた異なる主観的な認識を再構成していることを，この授業でさまざまに体験していただきたい。

　また，そうした錯覚は，確かに「誤った」認識が作り出される現象ではあっても，その誤りは人の知覚能力の欠如や欠陥のためではない。人

は，能力が無いからではなく，高度な情報処理をするがゆえに，あえて正しく世界をとらえず，ゆがめて認識してしまうことがある。そうした人間らしい歪め方を浮き彫りにしてくれるところに，錯覚の面白さがあるのではないだろうか。

　錯覚の代表としてよく知られているのは，眼の錯覚（錯視）である。皆さんも，子どもの頃，同じ長さのはずなのにどうしても違って見えてしまう図形の不思議さに驚いた人は多いはずだ。本科目は，まずはそんな錯視に出会ったときの素朴な驚きの感覚を思い出すことからはじめようと思う。そして，こうした目の錯覚が，実は「目」で起こるのではなく，頭の中で起こる高度で精緻な「認知」処理によってもたらされることを学んでいこう。

　この「認知」とは，見る（知覚）だけでなく，記憶や学習，思考推論，意思決定など，人の高度な心のシステムの働きである。そう考えると，私たちの日常的な考え方や判断，意思決定，さらには感情の生起などにも，錯視図形を見るときとほぼ同じような錯覚が共通して現れてくることがおわかりだろう。本科目でも中盤以降では知覚から離れて，記憶や思考といった心の働き全般で起こる錯覚を取り上げていく。

　また，錯覚が心理や行動のさまざまな面に共通して現れるとしたら，錯覚への学問的なアプローチは，心理学にこだわらず，文化や社会，芸術などのさまざまな営みを通しても可能になる。本科目では心理学が蓄積してきた知見の数々を基本的な枠組みとしつつも幅広い学問領域から錯覚と人間の関係を探求していきたい。たとえば，絵画など視覚芸術の発展過程では，知覚の錯覚やそれと類同の現象が重要な役割を果たしている。であれば，その錯覚を科学することで絵画芸術をより深く理解できるのではないだろうか。また，本科目後半では，通常は錯覚という文脈では扱われない応用的なトピックスを通して実践的な思考と錯覚を結

びつけていく。たとえば，精神的健康，対人関係，経済行動といったものから，詐欺の手口や疑似科学，そして手品のトリックといった少々意外な話題まで扱っていきたい。

　本書執筆者の構成としては，主任講師の菊池が心理学を軸としてさまざまな錯覚の世界をナビゲートするつもりで全体を構成した。その中で，記憶研究と西洋美術史研究の代表的な研究者として知られる齋藤，金井の両氏が専門の立場から従来の錯覚研究にない新しい視点を提供する形で参加している。

　このように，本科目では，錯覚という用語を本来の知覚心理学の領域よりもかなり広く捉えている。そして錯覚への「驚き」を端緒として，知的好奇心や人間への関心をかき立て，心理学やその他の学問の世界へ誘っていく入門篇的な性格を意識して構成させていただいた。

　そのため，心理学を深く専門的に学びたい方や，関連知識の蓄積のある方にとっては物足りない部分もあるかもしれない。そうした場合，本授業で注目した心理現象のいくつかは，他の専門性の高い科目の中で，そのメカニズムがさらに詳しく解説されている。ぜひ他の専門授業と積極的に結びつけることで，さらに進んだ学習を進めていただきたい。受講生の皆さんが，錯覚をめぐる学問の面白さに触れたことがきっかけとなって，さらに深い学びへと分け入っていくことを願っている。

　そして，この「錯覚の科学」を学び終えた時に，それまでと違う自分のあり方に気づき，異なるものの見方や考え方ができるようになり，さらに心理学や芸術学の世界を知りたいと思えるようになる，こういった成長の手助けができることこそ，講師一同が本科目で目指していることである。

令和元年12月

菊池　聡

目次

1 | 錯覚への招待

菊池 聡

《**目標＆ポイント**》 「この目で確かに見た」という表現は，ものごとの確実さのたとえとしてよく使われる。しかし，本当にそうだろうか？ あなたが何かを「見た」とき，その像は世界を正確に写し取った写像にはなっていない。そこに生じている客観的な世界との微妙なズレは，眼の不完全な能力のためというよりも，私たちが何かを「見る」という体験は，無意識のうちに頭の中で外界の像を再構成していることを示している。それが本書のテーマ「錯覚」である。

この「錯覚」の性質を明らかにすることで，私たち人間とはいかなる存在なのか，そして私たちが認識している世界は自明のことなのか，といったさまざまな問いに答えていくことができる。そこに錯覚研究の大きな意義があることを覚えておいてほしい。

この章では，これからの授業の導入として，錯覚を考えるための基礎概念をひととおり整理し，錯覚という現象と人間の心理や社会とのかかわりを概観しておこう。

《**キーワード**》 心理的錯覚，物理的錯覚，認知，感覚，知覚

1. 私たち自身が作り上げている錯覚

まず，認知科学者のエドワード・エーデルソン（Edward H. Adelson）が作ったこの奇妙な図 1-1 をよく見てみよう。

この図では，台がチェッカー模様になっており，その A のマス目と B のマス目の色を見比べると，A は黒で B は白に見える。しかし，驚

12

Edward H. Adelson

図 1-1　チェッカー・シャドー錯視

Aは上段左から2マス目, Bは上から3段目3マス目

いたことにAもBも全く同じ色（灰色）なのだ。

　このチェッカー・シャドー錯視を，錯覚の一つのモデルとして，これから学んでいく錯覚の世界の特徴をいくつか押さえておこう。

● 視覚的な錯覚では，物理的・光学的な意味での正しい対象とは異なる知覚体験が引き起こされる。しかし，全くデタラメな知覚が生じるのではなく，おおよそ誰にでも一定の規則性に従って，同じように歪められた体験が起こる。

● 錯覚は，ほぼ無自覚のうちに自動的に起こり，A, Bは同じだという正しい答えを知っていたとしても，対象の見え方を修正することはかなり難しい。

● チェッカー・シャドー錯視では，A, Bの表面から眼に到達する光は全く同じ明るさ・色であり，眼をカメラに例えるならば，カメラはそれを正しくキャッチしている。たとえば，このA, Bのマス目以外を

すべて隠してみれば，両者が同じ灰色だとはっきりわかる。これが眼に入射している光である。ところが，隠した紙を取り除くと，眼がとらえている光は全く替わらないのに，てきめんに錯覚が生じる。つまり，この錯覚は，眼（網膜）から以外の情報によって，脳の中で作り上げられた（再構成された）体験なのである。

● 一つの錯覚には，さまざまな原因がかかわっている。この図版では，影が落ちているＢのあたりから眼に入ってくる光量は影の外側よりも少ない。そのため，私たちの感覚が「明るければ白」「暗ければ黒」というように光の物理量によってのみ決まるのであれば，Ｂは黒っぽく眼には見えているはずだ。しかし，このＢのあたりが黒っぽくなっているのは，そこにある影のせいだということを私たちは情景の手がかりから見て取ることができる。したがって，私たちは，その影の影響を取り除く補正を行って，マスの明るさ（色）を解釈しているのである。また，こうした明るさの知覚は，隣接している明るさに影響を受けるため，黒に隣接したマスは白く知覚される性質もある（明るさの対比：第３章）。私たちは，こうしたさまざまな手がかりを使って，眼から入った光学情報を，無意識のうちに巧みに調整して視覚体験を生み出しているのだ。したがって，一般に「目の錯覚」と呼ばれる現象は，「脳の錯覚」という表現がふさわしい。

● 錯覚は，客観的に見れば事実と異なる「誤った認識」には違いない。しかし，そこには適応的な意味がみられる場合がある。上記のような調整処理が働くおかげで，私たちは照明や環境光の影響を排除して，白黒模様はあくまで白黒模様として見ることができる。もし，物体の見え方が，眼に入る光によってのみ決定されてしまうとしたら，環境光の当たり方次第でものの見え方が全く異なってしまうことになり，私たちの生活は大混乱に陥るだろう。私たちの視知覚は，光を物理的

に正しく感知するために働くのではなく，見たものを意味のある対象として解釈するように働くのである。これは第2章で扱う恒常性という心理的な働きと関連している。

　以上のような錯覚の性質から浮き彫りになるのは，私たちがものを「見る」という体験は，目（網膜）が光学情報を受け取ることで成り立つ受動的な過程だけではないことだ。

　つまり，見ること（ひいては五感を通して世界を体験すること）とは，その人独自の体験を能動的に再構成する過程だと理解したい。そして，その再構成は，「見る」ことだけではなく，五感と呼ばれる他の感覚はもちろん，知覚に限らず記憶や推論，判断など，人の心理的なさまざまな過程（認知過程）に共通して起こるのである。

　このように，錯覚とは人の心の働きの反映である。その心の過程は，ふだんはほとんどが意識されずに円滑に働いている。うまく働いているがゆえにその特質はなかなか意識されない。こうした意識されない対象の性質をよく知ることができるのは，何か不適切な状況に陥った時である。たとえば窒息しそうになった時に空気の存在やありがたみをはじめて実感するだろう。その意味で，錯覚とは客観的対象と認知のズレが生じることで，ふだん気がつかない人の心の特質を，あらためて明確に示してくれる現象といえる。一例をあげれば，チェッカーシャドー錯視の振る舞いから「人は高度な情報処理を気がつかないうちに行っている。私たちの意識は，その結果のみを受け取る存在である」という事実がうかがえる。

　錯覚の数々を知ることで，このように人の心がどのように能動的に世界を捉えようとしているのかを知ることができるだろう。また，そうした人の特質が社会や文化の在り方と，どのようにつながっている

のかも理解できるだろう。これが「錯覚の科学」のおもしろさではないだろうか。

2.　錯覚という現象を理解するために

（1）錯覚とは何か？

　錯覚（イリュージョン，illusion）とは，心理学辞典によると「知覚された対象の性質や関係が，刺激の客観的性質や関係と著しく食い違う」現象と定義されている（心理学辞典，有斐閣）。

　この錯覚の分類法にはさまざまなものがあるが，その一つとして錯覚がどこで生じているかによる分類がある。たとえば，人の外部にある原因で起こるものが**物理的錯覚**である。これは刺激が目や耳に入る以前に，対象に関わる物理的な要因によって変化することで引き起こされる。たとえばしん気楼は，現実にはその場所に存在しない対象が見える現象だが，これは光の屈折によって起こっている。また，近づいてくる音と遠ざかる音では，音の高さが異なって聞こえるドップラー効果は，音波の物理的な性質によって引き起こされる。これら物理的な錯覚は，私たちが捉える情報（刺激）そのものが変化した結果，本来の対象の性質とは異なるものが認識される現象である。そのため，心理学の錯覚研究の対象にはならないことが多い。

　一方で，心理学が扱う錯覚の多くは人の内部で起こる**心理的錯覚**である。伝統的な知覚研究では，錯覚の原因が感覚器そのものや，それにつながる一次的な神経系の働きによるものと，高次の中枢（脳）にあるものに分けて考えられてきた。たとえば，眼の特性が影響を与える生理的錯覚の例として，視細胞の錐体と桿体では感度が極大となる波長が異なることが原因で，夕暮れには青系の色が明るく見える**プルキンエ効果**がある。

　これらに対して，本書で主として扱うのが中枢（脳）で生じる心理的な錯覚である。知覚的錯覚のほとんどは脳で起こり，感覚器が中枢に送った情報とは異なる対象が知覚される。つまり，感覚情報を中枢で処理する段階で，情報がゆがめられたり補完されたりして，再構成が行われるのだ。この錯覚には，ニューロンの生得的性質に規定される場合と，学習や経験などの主体的な認知要因によって影響を受けるものがある。

　そうした再構成には，いくつかの役割がある。その代表は，目や耳が不完全な刺激情報を送ってきた場合，その欠けた部分を周囲の情報から補完・充填して，世界を破綻なく理解できるようにする働きである。私たちの感覚器は外界の情報を完全に捉えられるわけではない。こうした情報を補う知覚的充填の例として，網膜上の盲点の補完や，画像が隠蔽された場合にそれを補完するアモーダル補完，口絵-2に掲載したトロクスラー効果がよく知られている。

　これに対して感覚器が十分な刺激を捉えている場合でも，あえて正しい情報をゆがめるような再構成が起こる場合もある。チェッカー・シャドー錯視や，多くの幾何学的錯視は，この後者の例だ。

　最近の錯視研究では，脳神経科学の発展により，神経系の構造との対応から錯視を捉える研究が盛んに行われている。こうした錯覚のメカニズムについては，有名な幾何学的錯視図形などでも完全には明らかにされているわけではない。本書では，錯覚という現象をより広く，私たちの生活や文化の文脈の中で捉えるために，脳や神経系の検討については最小限にとどめ，錯覚が生み出される要因を幅広く考えていきたい。

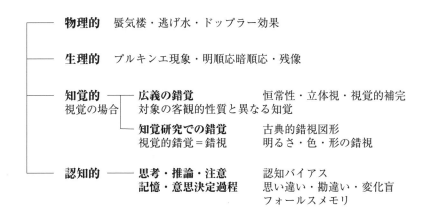

図 1-2　錯覚の分類

（2）錯覚の科学のための用語の理解

　本格的に錯覚の世界に分け入る前に，重要な用語をここで整理しておこう。

　心理学では，私たちの心の働きを一種のソフトウエアと考えて，そこで行われる知的な情報処理を**認知**（**cognition**）と呼ぶ。その認知の代表的な過程として，**注意**や**知覚**，**記憶**，**思考**などがある。

　その中でも，**知覚**（**perception**）が，私たちが外界を認識する過程である。似た用語として**感覚**（**sensation**）があるが，これは目や耳などの感覚器が物理化学エネルギーを受容することで生じる反応に着目した概念である。これに対して，知覚はより高次の処理段階であり，感覚器だけでなくほかの情報も含んだ感覚的経験の解釈や判断に重点がある。

　錯覚という心理学用語は，厳密な意味では知覚で起こるものに限定される。特に視覚で起こる錯覚は**錯視**（**visual illusion**）と呼ばれて，

最も多く知られている。また，五感それぞれに錯覚は生じ，たとえば
聴覚では**錯聴**と呼ばれることもあるが，普通は聴覚の錯覚や味覚の錯
覚といった表現が用いられる。

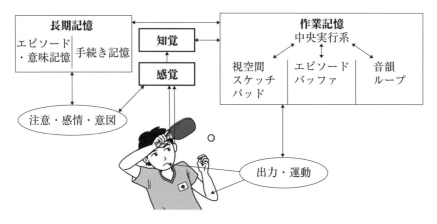

図 1-3　認知の情報処理段階

錯覚と**幻覚**は区別される。どちらも，実際とは異なる対象が認識さ
れる現象として共通点はある。しかし，一般に知覚は情報を外界から
取り入れてそれを処理する過程を指すので，しばしば精神病理現象と
して起こるような，外界からの情報入力なしに生じる幻覚（幻視や幻
聴など）は，本書では錯覚とは異なるものと考えておく。同じ意味で，
夢も錯覚とは言えない。

また，錯覚という言葉は，一般的な表現としても「勘違い」「思い違
い」といった，かなり広い意味で使われる。現在の心理学でも，広く
認知過程全般で起こる系統的で無意識の誤りを**認知的錯覚**と呼ぶこと
がある。

これらは本来の錯覚という知覚心理学の概念を拡大解釈した用法だ

が，本書でも認知全般の中で，対象が本来持っている正しい情報がゆがめられてしまったり，合理的（規範的）に正しい結論や判断とはズレが生じたりする場合，それを錯覚と表現して第 6 章以降で考えていこう。また，思考や記憶の錯覚は，しばしば誤った判断や結論を導くために，**錯誤**という用語も使われる。**認知バイアス**とは，こうした錯覚を引き起こす認知情報処理のゆがみや偏りを指し，さまざまな認知過程で無意識のうちに起こる。本書で扱う代表的な認知バイアスとしては，確証バイアスや自己高揚バイアスなどがある。

　このように錯覚について考えてくると，そもそも「正しい情報」とか「合理的な結論や判断」というのは何をもって「正しい」とか「合理的」といえるのか，といった問題も出てくるだろう。これを深く考えると，私たちが世界だと認識しているものはいったい何なのか，そもそも客観的に正しい世界認識というものがありうるのか？という深淵な問いにもつながっていく。これを考えるのは実に興味深いが，それはまた哲学的な議論や思索となるだろう。とりあえず本書では，この「正しさ」というのは，これから取り上げていく現象や文脈のそれぞれによって意味が異なってくることを覚えておいていただきたい。知覚の錯覚の場合は，刺激の物理的特性が基準なのでわかりやすいが，たとえば第 6 章で扱う記憶の錯覚は，記銘時に記憶された情報を基準として，想起時には異なって思い出される現象を錯覚ととらえている。思考の錯覚は正しく考えるための能力や材料があるのに，意識しないうちに偏った情報処理を行ってしまい，結果として合理的な結論や正解からずれる場合に対応する。第 7 章で紹介する相関の錯覚（錯誤相関）は，ジンクスや迷信のように，客観的なデータからは関係が認められない出来事の間に，リアルな関連性があるように思えてしまう思考の錯覚の一種である。さらに，本書後半で扱う自己認知や原因帰属

の錯覚では，必ずしも客観的な正解があるわけではない。このような場合も本書では自覚しないうちに偏った思考や判断を行ってしまうという意味で，錯覚という表現を用いることとする。

3. 錯覚の科学で広がる世界

（1）知覚の錯覚のおもしろさ

　錯覚の世界が最もクリアに実感できるのが，図1-4のような幾何学的な錯視図形の数々である。こうした錯視図形は古典的なものばかりではなく，現在でも新しい錯視が次々と発表されており，いずれも不思議でインパクトのある視覚的体験をもたらしてくれる。

　しかし，こうした明確な錯視図形ばかりではなく，当たり前のように過ごしている日常生活も，実は錯覚にあふれている。たとえば，映画やテレビの画像が動いて見えるのも，錯覚の一種である。動画の一つ一つのコマは静止画であり，それを連続して見たときに，実在しない動きを知覚するという**運動の錯覚**が起こっている。

　また，私たちが世界を奥行きがある3次元だと認識することも，通常は錯覚とは呼ばないものの，人の目がカメラだとしたら説明がつかない現象だ（奥行き知覚）。確かに現実の世界は3次元なのだが，網膜に映っている景色は写真と同じ2次元の平面的な画像にすぎない。つまり，私たちが網膜像を客観的な意味で正しく知覚しているとすれば，世界は2次元の平面として捉えられるはずだ。脳は，網膜像や知識を材料として，3次元の世界を再構成しているのである。

（2）五感の錯覚

　錯視の例に端的に示されたように，感覚情報を材料のひとつとして外的世界が再構築されることで知覚体験は創出される。その基本的な

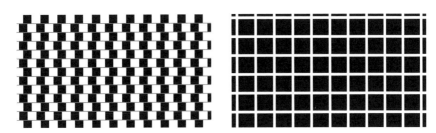

カフェウォール錯視　　　　　　　　　ヘルマン格子

渦巻き状フレイザー錯視

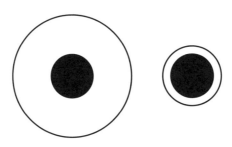

デルブーフ錯視

デルブーフ錯視では，黒丸の大きさは左右で同じである。大きな同心円で囲むと中心円は小さく見える（対比）が，小さな円で囲むと大きく見える（同化）。

図 1-4　幾何学的錯視図形の例

仕組みは，視覚以外の五感でも多くの部分は共通している。

　心理学の研究の中では，伝統的に視覚の錯覚研究が盛んに行われているが，聴覚においても，たとえば聴覚認知の内容，音の周波数，音源定位などに聴覚の錯覚＝錯聴が生じることなどが研究されている。これに対して，その他の味覚，嗅覚，触覚などにおける錯覚研究は実験や測定に手間がかかり，標準的な手法の確立を含む研究の蓄積は，視覚研究よりもかなり少ない。しかし，こうした五感の錯覚も身近で多く見られる。たとえば，料理の味は，味覚そのものよりも視覚や嗅覚からの情報によってかなり左右されてしまうことは多くの人が体験している。また，実際には止まっている電車に乗っているとき，隣の電車が動くと自分が運動しているように感じられる錯覚も，視覚誘導性自己運動感覚（ベクション）として知られている。このように異なる感覚間でのクロスモーダルな情報統合がもたらす錯覚は，多くの研究者の注目を集めており，近年では工学分野での VR（ヴァーチャルリアリティ）や AR（人工現実感）研究の拡大に対応して，こうした領域での研究も盛んになりつつある。

（3）思い込みとしての錯覚

　知覚ばかりではなく，記憶や思考，推論，意思決定といった私たちの認知過程全般でも，多様な認知的錯覚が生じる。

　たとえば，あなたがどこかへ初めて旅行したとき，とても遠かったと感じたのに，2 度目に同じ場所に行った場合には，意外と近いような気がしたことがないだろうか。これは，空間認知の錯覚や，時間感覚の錯覚，記憶の錯覚ともいえるものである。最初に見知らぬ場所へ行くときは，途中で目新しいものが数多く目に入り，それぞれ認知的な処理の手間がかかる。しかし，2 度目では，そうした負荷がかからず，

楽に処理される（認知的流ちょう性が高まる）ために，結果として2度目のほうが距離や時間が短いという錯覚が生じる。同様に，夢中になっているときの時間は短く，退屈な時間は長いと感じられることがあるのと，よく似た現象だ。

　また，あなたが苦労してアルバイトで1万円を稼いだとき，そのお金を気軽に無駄遣いすることには抵抗があるだろう。その一方で，ギャンブルで転がり込んできた1万円は，「あぶく銭」として使ってしまうことに抵抗は少ない。しかし，どのような手段で入手したお金でも，合理的に考えるなら1万円の価値に差はない。もし，両者の主観的価値に差が出るとしたら，私たちは金額以外の要因に影響されて，同じ1万円に異なる価値があると錯覚していることになる。

　こうした私たちの判断や意思決定における錯覚は，心理学と経済学が融合した行動経済学という分野でさまざまに発展をみせている（第8章）。

　また，これら人間らしい錯覚は，視覚の錯覚以上に私たちの日常の思考や判断に密接な関わりを持っている。こうした自分自身の認知のゆがみとその影響をよく知り，コントロールする（メタ認知）ことによって，日常生活の中でより適切な判断ができるようになること（クリティカル・シンキングの修得）も，本書のねらいの一つである（第15章）。

（4）文化や社会の中の錯覚

　錯覚は単に心理的現象として興味を持たれるだけでなく，人間の文化や社会にさまざまな影響を与えてきた。こうした視点は従来の心理学的な錯覚研究では言及されることが少ないが，本書ではこれも広く取り上げていく。特に錯視は，見る人に独特の心理的体験をもたらす。

それを応用して豊かで芸術的な表現も生まれた。たとえば，図1-5のようなだまし絵はとても有名である。西洋の絵画表現には他にも多様な錯覚の仕組みが反映していることを美術史研究をもとに2章にわたって分析する（第4，5章）。

　また，認知的な錯覚を意図的に引き起こせば，実際にはありえないことや，客観的事実と異なるものを，あたかも事実のように思い込ませることができる。これを悪意で巧みに行えば，それは詐欺や悪質商法，カルト・マインドコントロールの手法そのものになる。しかし，全く同じ心理手法がエンターテインメントとして用いられると，ありえない出来事が目の前で繰り広げられるマジック・イリュージョンとな

 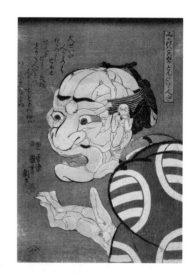

図 1-5　錯覚を利用しただまし絵（トロンプ・ルイユ）

だまし絵とは，本来は絵に何かを精密に描き込むことで，実際にそこに対象があるかのように錯覚させる技法とされる。ほかにも錯覚を利用したり，不可能図形を用いるなどさまざまな種類がある。図は寄せ絵と呼ばれるもの。アルチンボルド（Giuseppe Arcimboldo, 1527-1593）の「春」と，歌川国芳（1797-1861）の「みかけハこハゐがとんだいゝ人だ」。

って，観客を大いに喜ばせることになる（第11章）。同じく，占いや性格診断で生じる的中感の錯覚は，それ自体はおもしろい心理現象であっても，しばしば疑似科学的主張や悪質商法につながる危険もあることも取り上げる（第11，13章）。また，トリック・アートを展示した美術館は日本全国に数多くあり，驚くような錯覚の数々を実際に体感できることも，放送教材を通じて紹介していく（図1-6）。

図 1-6　不思議なトリックアート体験　（撮影：那須とりっくあーとぴあ）

トリックアートを体験できる美術館や施設のリストは，第3章60ページ

（5）錯覚があってこその人間

　錯覚は，人の認知システムに深く組み込まれ，日常生活のあらゆる面に付いて回るものだ。それは何かを見たり聞いたりするときだけでなく，日常を過ごす中で，他人とつきあい，相手や自分を評価する場合にも現れてくる。

　たとえば，誰かが失敗を繰り返したとき，私たちはその失敗の原因は，その人の性格や能力といった内的なものに原因があると考える傾向がある。一方で，自分自身の失敗は，自分では左右できなかった環境や状況のせいだと考えやすい。逆に，自分が成功したときは，自分の頑張りから達成できたと考えがちなのと対照的である（第12章）。

　こうした，対人認知や自己認知に現れる一種の錯覚は，私たちのものの考え方や人間関係，精神的な健康をも左右する。もし，周囲の人々の言動を，実際よりもネガティブに錯覚するならば，それは抑うつ症状につながる可能性がある。逆に，抑うつ状態にない人は，自分に関する情報を正しく認識せずに，自分に有利なように錯覚しているのではないか，という興味深い知見を紹介しよう（第14章）。

　本書では，視覚的錯覚の世界を導入として，芸術や文化，社会，人間関係といったさまざまな領域で起こる錯覚を考え，そこに現れる人間の多様な「ものの見方」についての理解を深めていく予定である。

参考文献

一川誠（2012）. 錯覚学―知覚の謎を解く　集英社
一川誠（2019）. ヒューマンエラーの心理学　筑摩書房
北岡明佳（2007）. だまされる視覚　錯視の楽しみ方　化学同人

引用文献

Adelson, E. H. の Checker shadow illusion　webページ
　　http://web.mit.edu/persci/people/adelson/checkershadow_illusion.html

2 | 視覚の錯覚　見ることは考えること

菊池　聡

《**目標＆ポイント**》　錯覚の代表として，まず視覚の錯覚（錯視）を取り上げよう。人の眼はカメラとほぼ同じ仕組みを持っている。しかし，人の視覚システムはカメラのように，外界の光景を忠実に写し取るわけではないことに多くの人は気づいていない。「見ることは推論である」という言葉が示すように，私たちの知覚体験は，無意識のうちに行われる高度な認知情報処理の産物なのである。その過程で，どのような情報の再構成が起こり，錯覚が生じるのだろうか。
《**キーワード**》　カメラ・アナロジー，知覚的推論，絵画的手がかり，線遠近法，奥行き知覚，恒常現象

1. 人の眼はどのように世界を知覚するのか

（1）人の眼と機械の眼

　人が対象を眼で見て認識する仕組みは，**カメラのアナロジー（比喩）**で説明するとわかりやすい。眼もカメラも，外界の風景を捉える光学機器としての基本構造はとてもよく似ていることがわかる（図2-1）。

　カメラも眼も，表2-1のような

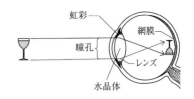

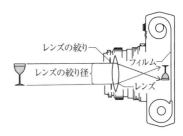

図 2-1　人の目とカメラの仕組み

3要素を備えている。両者が異なっているのは，感光部や保存媒体に何を使い，どのような形式の情報として保存するかの点である。

　この**カメラ・アナロジー**（光学的投影モデル）はシンプルでわかりやすく，生物学的な眼の仕組みをある程度的確に表している。そのため，私たちは，人の視覚というのは，カメラと同じように外界を写真のように忠実に写し取るものだと，ごく当たり前のように考えている。「この眼で見たのだから確かだ」という言葉は，それをよく表している。だからこそ，視覚と現実の間にずれが生じる錯覚が，新鮮な驚きをもって感じられる。

表 2-1　光学機器としてのカメラと目の主要構成要素

	カメラ	目
外界の風景を屈折させて像を結ぶためのレンズ	レンズ	水晶体
結像した光学像を感知する感光体	フィルムや半導体	網膜
余分な光を遮断する暗箱	ボディ	眼球

　カメラと視覚の重要な違いは，カメラは受動的に外界の光学情報を固定して終わるのに対して，人の視覚システムは，そうした外界の情報をもとにして能動的に視覚体験を「創り上げる情報処理」を行う点である（ただし新しいデジタルカメラでは，AIの働きで初歩的だが類似の情報処理を行うものもある）。

（2）人は眼だけで見ているわけではない

　19世紀のドイツの生理学者ヘルマン・ヘルムホルツ（Helmholtz, H）は，知覚心理学の成立に多大な貢献をした。彼は，知覚とは外界を単に再現することではなく，感覚情報のパターンから「無意識的な」推

論を行った結果であるとした。この**知覚的推論**の考え方は，20世紀後半の認知心理学の枠組みから再評価され，重要な知覚理論の一つに位置づけられている。

　この言葉の意味を知るために，次の絵（図2-2）を見ていただきたい。これは，ある対象の画像をわざとわかりにくく加工してあるのだが，いったい何の画像だろうか？じっくり見てしばらく考えてみよう。

図 2-2　何の絵だろうか？

　多くの人にとって，この絵はおそらくランダムな模様にしか見えない。では，43ページにある正解を知ってから，もう一度，この絵を見ていただきたい。今度は，明確に描かれた対象が見えたはずだ。

　当初，対象が見えなかった時点と，見えたあとでは，私たちの眼には全く同じ像が投影されている。しかし，私たちの視覚体験は，「見えない」―「見える」というように，明らかに異なっている。

　ここから明らかなのは，私たちが体験する視覚世界は，眼から入ってくる情報（網膜像）だけでは決まらない，という事実である。

（3）知覚とは「賭け」かもしれない

　私たちを取り巻く環境から感覚器に入力された情報は，あいまいで多義的な解釈が可能である。たとえば図2-2の模様は，網膜像だけ見たとしても，どこが対象で何が背景の一部なのか，どのように切り取って理解すればいいのかわからなかったはずだ。そのために，対象が「見えなかった」のである。私たちが，ふだんは正しく外界を見ることができるのは，見ているものについての知識や構えをもとに，あいまいな解釈を無意識に制約して，一つの見え方に焦点化しているからにほかならない。

　そもそも2次元の網膜像から正確に3次元のオリジナルを一義的に復元することはできない。全く同じ網膜像をもたらす外界の対象は，さまざまに想定できるからだ。たとえば，遠くにある大きい四角は近くにある小さな四角と同じ大きさで眼に映る。図2-3のようにさまざまな形の対象物であっても，角度によって網膜上では同じ形になる。こうした対象群は等価刺激布置群と呼ばれる。いわば私たちの視覚は，

図 2-3　全く同じ台形の網膜像を生じさせる対象はいくつも考えられる。

客観的に唯一の正解が定まらない不良設定問題から，1つの解を選択的に導き出し，他の解釈を無視することにほかならない。

　しかも，感覚器は外界の情報を十分にとらえているとは限らない。こうした不完全で多様な解釈の余地のある感覚情報（網膜像）を，一つの解釈に決定するため，私たちは感覚刺激を材料として，それ以外の知識や期待，経験を利用した知覚的推論を行っているのである。私たちが持つ構造化された知識はスキーマと呼ばれ，特定の見方を促進したり制約したりして，認知を成り立たせる重要な働きをする。そして，錯覚のいくつかも，このスキーマの影響を強く受ける（図2-4）。

　こうした処理においては，トップダウン―ボトムアップの両タイプの情報処理が相互に影響しあって補完的に働くと考えられている。

　ボトムアップ処理とは，網膜に入力された刺激をもとに，神経生理的な仕組みによって自動的に特徴を抽出し，それらを知覚体験へまと

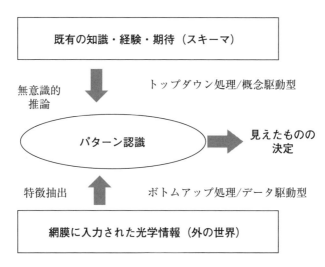

図 2-4　視覚的なパターン認識における 2 つの情報処理

める処理過程である。この過程で、感覚情報はその特徴に応じた処理を受ける。

　トップダウン処理とは、スキーマや予期といった主体的要因から、感覚情報を解釈する働きをする。図2-2が、最初は何も見えなかったのに、ある期待を持ってみれば対象が見えるのは、この処理によってあいまいでバラバラの感覚情報が再構成されたためである。

　このように、ものを見るということは、網膜像から神経系で処理・抽出された情報をもとに、期待や予測、スキーマにもとづいて対象そのものを正しく再現しようとする試みだと捉えられる。

　この処理が、何かを考えて結論を出す過程と似通っていることから、知覚は推論にたとえられるのである。別の言い方をすると、人の視知覚の成立は「最も確からしいことへの賭けである」とも表現される。この賭けは大抵の場合は成功するのだが、一定の条件下では失敗してしまう。それが錯覚である。

（4）その他の知覚理論

　視知覚の仕組みについては、上記の情報処理モデル以外にも、いくつかの重要な理論が提唱されている。ギブソン（Gibson, J. J.）による生態学的視覚理論では、視覚にとって必要な情報は、環境の中に光学的に豊富に存在しており、それを網膜像からピックアップすることで環境の知覚が成り立つと考えた。また、マー（Marr, D.）は、視知覚の過程とは光学情報から対象を「計算」して再現・回復する過程であると考えて視覚の計算理論を提唱した。これらの諸理論については、それぞれ発展的に心理学の科目などで学習していただきたい。

（5）杉原による驚異の立体錯視

　私たちが視覚的手がかりを利用して頭の中で対象を再構成する営みが知覚だとすれば，その再構成過程を数理的に計算することで，任意の知覚像を作り出すことも可能になる。このような発想から，明治大学の杉原厚吉は驚くべき錯視立体作品の数々を作り出している。図2-5の作品は，一定の方向から見た場合の網膜像から対象を完全に再現することができないという視知覚の性質を利用し，見る角度によって全く異なる対象が知覚される作品である。

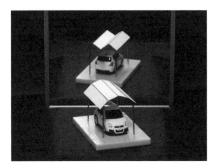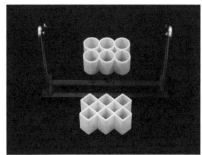

図 2-5　杉原による変身立体・トポロジー攪乱立体

2. 視知覚情報の変容

　下條 (1995) は，視覚研究の主要な3トピックとして**奥行き知覚，恒常現象，錯視**を挙げている。いずれも網膜像と異なる知覚が生じる点で，カメラ・アナロジーでは説明できない現象である。これらは，互いに関連して，私たちの視覚体験に影響を与えている。

（1）奥行き知覚の手がかり

　私たちが生きる世界は，奥行きのある3次元空間である。しかし，

その光景を映し出す網膜像は2次元の投影像になる。前述のように一つの網膜像からは無限に対象が想定できる（不良設定問題）ため，私たちは平面から3次元の立体を頭の中で再構成しなければならない。

　対象を3次元で捉えるためには，その対象までどれくらいの距離があるかを知る必要がある。同じ網膜像であっても，それが近いのか遠いのかによって，大きさは全く異なる。その距離の推定を行うために，私たちは表2-2のような，奥行き手がかりを利用している。

　このなかでも最もよく知られているのが，両眼視差である。一般的な3D映像では，2つのカメラ（レンズ）で撮影し，その2つの微妙にずれた映像を，左右の眼に呈示することで立体感を生み出している。

　しかし，片眼を閉じても奥行きは知覚できることから明らかなように，両眼視情報のみが奥行き知覚を成り立たせているわけではない。

表 2-2　奥行き知覚を成り立たせる手がかり

両眼手がかり	
両眼視差……左右の目で異なる情報を捉える	
輻輳（ふくそう）………近い対象では両眼が内側を向く	
	生理的仕組み
単眼手がかり	
調節………焦点調節の筋肉が緊張・弛緩（しかん）する	
ボケの検出………焦点の前後で像がぼける	
運動手がかり……対象の遠近で見かけの運動が異なる	
絵画的手がかり	
網膜像の相対的大きさ…①近い対象は大きく，遠い対象は小さい	
線遠近法……………②平行線は遠くに向けて収束する	
対象の重なり………③近くの対象は遠くの対象を隠す	
きめの勾配…………④遠ざかるにつれ，きめが細かくなる	
大気遠近法…………⑤遠くの対象はぼやける	
陰影………………⑥立体に応じた影ができる	

※絵画的手がかりの①から⑤は，図2-6に，⑥は図2-8に具体例を示した。

　単眼視情報の代表的なものが運動視差である。たとえば，列車の窓から外を見ると，近くの風景は高速に動くのに，遠くの風景はほとんど動かない。この差が，風景の遠近の手がかりになることがわかる。

　そのほかの，両眼視情報，単眼視情報は表2-2を参照されたい。

（2）絵画的手がかり

　私たちは網膜像の絵画的特徴を手がかりとして，そこにある奥行きを知覚できる。たとえば，平行線が背景の消失点に向かって集中する**線遠近法（透視図法）**は，三次元の立体を絵画で表現する代表的な手法である。線遠近法には消失点の数により一点透視や二点透視，三点透視などがあり，パースとも呼ばれる（図2-7）。こうした**絵画的手がか
り**の代表的なものを表2-2と図2-6に対応して示した。

　絵画的手がかりは，いずれも生得的なものではなく，早期の経験によって学習されると考えられている。なぜなら網膜上に写った像は，多義的でさまざまに解釈できるため，それが，どのように解釈される

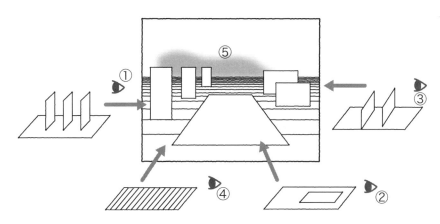

図2-6　絵画的手がかり　網膜像とその解釈（ホッホバーグ（1981）を改変）

かは，経験や学習に依存して決ま
るからである。たとえば，物体に
凹凸があることを知るためには，
その陰影が絵画的手がかりになる
（表2-2⑥）。こちらに突きだして
いる物体であれば下に影ができ，
引っ込んでいるならば，逆に上側
に暗い部分ができることを，私た
ちは経験から学習しているのだ。

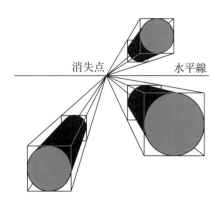

図 2-7　線遠近法（透視図法）の基本

　この仕組みが関係しているの
が，クレーター錯視（図2-8）で
ある。この錯視では最初は盛り上
がって見えた○（丸い）模様が，
上下を逆さまにするだけでへこん
だように見える。これは，私たち
が暮らす環境下では，光は上から
差し込んでいるという経験が見え
方を制約しているために起こる。

　奥行き手がかりにとって経験が
重要であることは，乳幼児の奥行
き知覚の研究や，先天盲の開眼手
術後の知覚経験の研究などからも
明らかにされている。

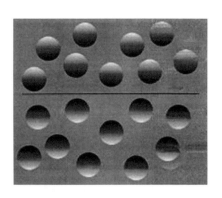

図 2-8　クレーター錯視

上半分は凸に下半分は凹に見える
が，図を逆さにしても上がやはり凸
に見える。

（3）知覚の恒常現象

　恒常現象（**恒常性**）（constancy）とは，感覚器が捉える外界の情報が変化しても，対象はある程度安定して知覚される現象である。

　代表的な恒常現象として「大きさの恒常性」がある。光学的にみれば，網膜像の大きさは，対象との距離に反比例して定まる。同じ対象であれば，近ければ大きい像を結ぶし，遠ざかれば像は小さくなる。ところが，人の知覚は網膜像の大きさに忠実に従うのではなく，同じ対象は距離の遠近にかかわらず，できるだけ同じ大きさで知覚されるように補正されるのだ。

　たとえば，ある人物があなたの前方1メートルの位置から2メートルの距離に遠ざかったとき，あなたの眼に映った顔の網膜像の大きさは最初の半分になる。眼がカメラであれば，相手の顔の大きさは2分の1の大きさに撮影されるはずだが，人の視覚ではそれほど小さくなったという実感は得られない。こうした大きさの恒常性は，簡単に体験できるので，ぜひ実験してみよう。

　この恒常性の体験からは，見ることが推論だということが再確認できる。私たちは，網膜像の大きさだけでなく，対象の本来の大きさに関する情報や，対象までの距離情報をもとに推論を行い，その結果，無意識のうちに最終的な大きさ判断を下しているのである。

　恒常現象は，外界（網膜像）を正しく知覚しないという意味では，一種の錯覚である（ただし，知覚心理学では錯覚と恒常現象を分けて考える）。しかし，これは単なる錯誤ではなく，知覚が持つ高度に適応的な仕組みだと考えられる。私たちの感覚器が捉える外界の情報は，光線の状態や，見る距離や角度などによって，刻一刻と変化する。しかし，網膜像の変化をそのまま対象の変化と知覚してしまうのは，人の認知にとって望ましいことではない。同じものは，多少見え方が違

っても同じ対象として知覚したほうが，対象の同一性を保持するためには有利である。人は推論によって対象そのものをできるだけ正確に再構成しようとするのだ。これによって，いわば，眼で見る以上の情報を利用できる大きなメリットが生まれる。そして，こうした適応的な認知の働きは，その他の錯覚現象でもしばしば見られるのである。

（4）恒常現象のいろいろ

恒常現象は大きさ以外にも，さまざまな知覚で現れる。

● 位置方向の恒常性　テレビドラマで地震を表現するときはカメラを揺らせて画面を動かす。ところが，人が同じように頭を振っても，このような振動（ブレ）は起こらない。私たちは，網膜像の揺れに自分の運動情報を加味して補正を行っているのである。

● 明るさの恒常性　物体の明るさは，光学的には物体に反射して眼に入ってくる光の量で決まる。光を多く反射する物体は白く，反射しない物体は黒い。しかし，たとえ反射光がほとんどなくても，周囲の明るさ情報を手がかりにして，白いものは白と知覚される。第1章のチェッカー・シャドウ錯視を参照していただきたい。

● 色の恒常性　夕焼けの写真は見事なオレンジ色になる。また，蛍光灯のもとでは緑がかった色の写真になる。こうした色が，本来の光のスペクトルが持っている色である。私たちの知覚は，こうした光源の色によってあまり影響を受けない。ただし，これが実感できるのはフィルムカメラの場合で，デジタルカメラでは，光源や環境光の色合いを勘案して適切に色味が調整される（オート・ホワイトバランス）。

● 形の恒常性　私たちが日常見ているさまざまな対象は，見る位置や角度が変わっても同じ形で知覚される。

3. 奥行き知覚がもたらす錯覚

（1）奥行き知覚と錯覚

　私たちは絵画的手がかりを活用し，平行線が消失点に収束するように見えれば，そこには線遠近法によって奥行きがあると判断する。

　また，大きさの恒常現象でみたように，物体の大きさの知覚は，対象と自分の距離手がかりの影響を受ける。たとえば，同じものでも遠くにあるように見えれば，その知覚は補正されてしまう。こうした奥行き手がかりが豊富であるほど，大きさの恒常性は強く働く。

　これら2つの効果が実感できるのが図2-9である。AとBで，立っている男性の画面上の大きさは全く等しい。だが，Bの図では男性が非常に小さく見えるだろう。しかしBで知覚される大きさが本来の網膜像の大きさに対応しているのである。

　つまり，ここにいる女性と男性はどちらも人間なのだから，本来の

図 2-9　大きさの恒常性を体験しよう。奥行きの知覚が，大きさの錯覚を引き起こす。

40

大きさはあまり変わらないと解釈される。また，線遠近法による奥行き手がかりからは，A では男性が遠くにいることがわかる。そのため，大きさの恒常性が働き，大きさが補正されているのである。

　古典的な幾何学錯視であるポンゾ錯視（図2-10）をみてみよう。同じ長さの直線を引いて，それを三角形で囲むと上の直線のほうが長く見えるようになる。

　この錯視のメカニズムについてはいくつかの説明があるものの，基本的には三角形が線遠近法的な奥行き手がかりとなるためと考えられている。たとえば図2-10の右の図のように，奥行きがある風景の中で同じような錯視が生じる。網膜上では上下の線は全く同じだが，上の線は遠くにあるという手がかりが与えられている。遠くにあるのに網膜上では同じ長さだということは，本来，上の線はもっと長いはずだという補正が加わるのである（大きさ―距離不変説）。

図 2-10　ポンゾ錯視

（2）月の錯視

　地平線近くにある満月はびっくりするほど大きく見えるのに，天空高く登ってしまうと，同じ月とは思えないほど小さく感じられる。錯視量を測ってみると，地平の月は天頂の月より1.3〜1.5倍も大きく見える。これは人類が体験できる最も大きな錯視現象とされている。

　そのメカニズムについては，古代より解明が試みられているが，現在でも諸説があって，完全に解明されてはいない。最も有力なものは，距離感によって大きさが補正されるという説である。月が地平近くにある場合には，地上の風景などの距離手がかりがあるために，風景に奥行き感が生じる。そのため月が遠くにあることが把握でき，結果として大きさの恒常性と同じく，サイズが大きくなるように知覚的に補正されるというものだ。

　今回学んだ奥行き知覚や恒常現象といった問題は，主に知覚心理学で研究されてきた分野である。そして，これらの現象の性質を理解す

図 2-11　月の錯視

ると，意外なことに絵画芸術表現の歴史に深い関わりがあることがわ
かってくる。その点について第4章でじっくり学ぶことにしよう。

■学習課題

1．私たちが身近に体験できる恒常現象にはどのようなものがあるか本
　章の解説を参考にしてそれと対応する現象を探してみよう。特に明る
　さの恒常性や形の恒常性は日常的にしばしば体験する現象である。
2．下図は有名なミューラー・リアー（ミュラーリエル）錯視図であ
　る。この錯視が起こる原理については，さまざまな説明があるが，本
　章で学んだことを応用すると，どのようなことが言えるだろうか。

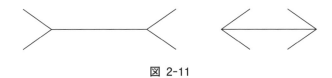

図 2-11

学習の
ヒント　下の図はビルの壁のコーナーを外側と内側から見たものである。

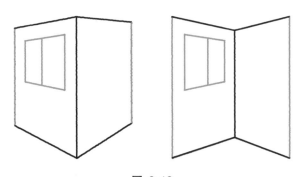

図 2-12

■**図 2-2** の正解

参考文献

北岡明佳（編）(2011). 知覚の心理学（いちばんはじめに読む心理学の本 5）ミネル
　　ヴァ書房

大山正（2000). 視覚心理学への招待　サイエンス社

後藤倬男・田中平八（編）(2005). 錯覚の科学ハンドブック　東京大学出版会

引用文献

下條信輔（1995). 視覚の冒険　イリュージョンから認知科学へ　産業図書

ホッホバーグ（著）上村保子（訳）(1981). 知覚　岩波書店（Hochberg, J. E.（1978）
　　Perception : 2nd Ed. Prentice Hall）

3 │ 錯視の世界を体験する

菊池　聡

《**目標＆ポイント**》　さまざまな認知過程で起こる錯覚の中でも，驚きに満ちているのがバラエティ豊かな視覚の錯覚，すなわち錯視である。こうした不思議な錯視の数々を実際に体験してみると，私たちの主観的な経験というものが，いかに不確かなものなのかを実感できるだろう。まずは風景の中に見つかるものから，手軽な工作で実現できるものまで，多様で興味深い錯視の数々に触れてみよう。そして，視知覚研究の成果に沿いながら，各種の錯視を分類・概観し，それらをもとに人の視知覚で起こっている情報の再構成について，体験的に理解を深めていく。

《**キーワード**》　エイムズの部屋，縦断勾配錯視，マッハの本，リバース・パースペクティブ，幾何学的錯視

1.　錯視が生み出す不思議な空間

（1）エイムズの部屋とミステリースポット

　前章で学んだように，私たちの知覚システムは，外界の対象を幾何学的に正しく再現しているわけではない。視知覚の場合，網膜に映る対象の像だけから，もとの対象の大きさや形を物理的に正しく認知することは非常に難しい。したがって，私たちは対象の網膜像以外の手がかりを使って，対象の実際の姿を再構成しているのである。

　その手がかりとして，私たちが頼りにしているものの一つが「奥行き手がかり」であった。ここから得られる3次元的な情報をもとにして，大きさの恒常性が生じ，ときにはそれが錯視を生み出すことを学

んだ。その役割を逆手にとり，視野全体の奥行き手がかりに手が加えられて，非常にインパクトのある体験が生み出されるのが**エイムズの部屋（ゆがんだ部屋）**という有名な錯覚である（図3-1）。

　この部屋は左へ行けば行くほど，部屋の奥行きが深くなるように形がゆがんでいる。しかし，床や壁も，形や模様が巧みにゆがめられているために，この部屋を特定の一点から見ると，私たちには見慣れた四角い部屋のように見えてしまう。ここで，人物が右から左奥に移動したとしよう。すると，対象が遠くへ移動するのだから，網膜上では人物の像は距離に反比例して小さくなるはずだ。しかし，私たちが知覚しているのはあくまでも四角い部屋なので，左に動いた人物は遠ざかっているのではなく，壁に沿って平行に移動したと知覚される。そうなると正しい奥行きの手がかりが得られないため，大きさの恒常性が働かない。こうして，私たちは小さな網膜像をそのまま知覚してしまい，この不思議な錯覚が生じるのである。

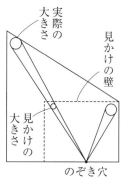

図 3-1　エイムズの部屋

のぞいたときと，部屋を上から見た図

　このエイムズの部屋はトリックアートを楽しめる美術館やイベントなどで体験できるし，図を参考にしてミニチュアを工作してもよいだろう。工作のための型紙は章末に紹介する参考文献などにも収録されている。

　また，ゆがんだ手がかりが環境全体を支配するような参照枠を形作るために生じる錯覚は，実際の建物や風景の中で体験することができる。

　アメリカやカナダには，家の中に普通に立っているつもりが自分の体が傾いてしまうミステリースポットや，登り坂をボールや空き缶が自然に転がって上っていく磁石の丘と呼ばれる観光名所がある。たとえば地滑りなどで家が傾いてしまった場合，こうした錯覚の名所が自然と出来上がるようだ。

　日本各地にも「おばけ坂」や「幽霊坂」と呼ばれる場所がある。こうした場所では，まるで重力に逆らうように物が転げ上がっていくように見える現象が起こる。これは**縦断勾配錯視**や坂道錯視と呼ばれる錯覚である。実際には坂の勾配が途中で変化しているのに，周囲の風景から水平を示す手がかりが十分に得られず，目立つ手がかりから誤った傾きを判断するために起こる。このため，実際には下り坂なのに，上っているような傾きが知覚されるのである。

　坂道錯視は，香川県屋島ドライブウェイや福岡県田主丸町や岡垣町などにあるものが有名である。岡垣町では町のイメージソングの歌詞に「ゆうれい坂から　岡城過ぎて，高倉ビワの木見える丘の…」と歌われるほど，地元で親しまれているという。

　これら坂道錯視は，錯視研究者の北岡や對梨のwebページや，参考文献の『錯視大解析』(2013) に詳しく解説されている。

図 3-2　軽井沢坂のぼり水路　　　　　　　　　　ゆうれい坂

左の写真は，軽井沢にある水がのぼっていくように見える不思議な水路。および右は福岡県遠賀郡岡垣町 495 号線にあるゆうれい坂。

（2）遠近法が生み出す空間

　欧米では，視覚的な錯覚を利用した壁画が古代ローマ時代から盛んに作られていた。たとえば，教会の丸天井には，その先にあたかも天上の世界が広がっている錯覚をもたらす一種のだまし絵（トロンプ・ルイユ）が発達した。また，17 世紀のバロック期の建築家たちは，壁画だけではなく建築空間そのものに錯覚を組み込んだことで知られている（谷川，1999）。イタリアのスパーダ宮は，その代表的な建築物で，奥まで続く廊下の柱の間隔や壁や床を奥に向かって狭くすることで遠近感を立体的に作り出している。そのため実際の奥行きの数倍も距離があるように見えるという。これら西欧美術にみられる錯覚の応用は，

第5章で詳細に学ぶ。

　奥行き手がかりを利用した錯覚は，日本の建築物などでも体験できる。たとえば，鎌倉の若宮大路には，源頼朝によって造られ，現代では国の史跡ともなっている段葛と呼ばれる参道がある。この道は，由比ヶ浜側から鶴岡八幡宮に向かって，約5メートルあった道幅が徐々に狭くなって最終的には3メートル程度になるまで変化しているため，実際の奥行きよりも距離が長く見える。これは鎌倉に攻め込む敵の軍勢を妨害する効果を狙ったと考えられているようだが，当初の意図は定かではない。

　また歴史的建造物では，日光東照宮の石鳥居前の石段も，上へ行くほど狭く，段差も低くなり，奥行き感を錯覚するように造られている。これによって，石鳥居の大きさが強調される効果が生じているようだ。前章の月の錯視などで学んだように，遠くにあると感じられる対象はより大きく補正されて見えるのである。

　現代でも，こうした視覚的錯覚はアミューズメント施設などで積極的に利用されている。東京ディズニーリゾートの諸施設では，小さな建物や敷地をより大きく，広く見せるために，さまざまな奥行き手がかりの錯覚が活用されている。道は入り口から奥へ向けて徐々に狭くなっていき距離感を演出している。同様に，石積みの建物は，上の階へ行くほど，石が小さくなっており，高くそびえ立つ錯覚を誘発している。また隣接する宿泊施設では，だまし絵の技法を用いて，壁や窓にリアルな絵が描き込まれている。

　こうした日本各地で体験できる錯覚は，60ページにまとめて地図に記載した。ガイドブックとして活用していただきたい。

2.　再解釈する視覚

（1）マッハの本とリバース・パースペクティブ

　手近な材料を使って，私たちの知覚体験が再構成されていることを
実感してみよう。

　マッハの本とは，机の上に伏せた本が，立てて開いた状態にも見え
るという反転図形の一種である。この反転図形を利用して，面白い運
動の錯覚が体験できる（図 3-3）。

　適当なメモ用紙を 2 つ折りにして，（a）のように置き，片目を閉じて
斜め上から折り線上の 1 点を観察すると，やがて（b）のように反転し
て見えてくるだろう。網膜上に映ったパターンには，2 種類の解釈が可
能であって，どちらかの見方のみが採用されると他の見え方はできな
くなる。そして，実際の状態とは異なる（b）のような反転した見え方
をしている時点で，視点は動かさずに少しだけ自分の顔を左右に動か
してみよう。すると，この紙の柱は，まるで踊りを踊るように奇妙な
動きをすることが体験できるはずだ。

　この不思議な錯覚は，私たちの知覚的再構成をよく表している。見
る人が顔を動かしたときに，その網膜には，本（の形をした紙）の片

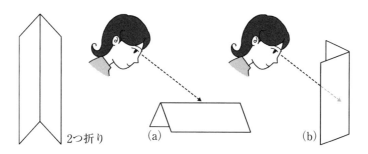

図 3-3　マッハの本

側がよく見えるようになり，逆側は見えにくくなる。ところが，主観的にはこれは反転しているので，実際に網膜像と主観的な見え方には，大きな矛盾が生じてしまう。しかも，本の手前部分は網膜上では相対的に大きく動くのに，屏風のように立っているとしたら接地部分は固定されて動くはずはない。この矛盾を解消するためには，この紙はしっかり立っているのではなく，よじれたように動いていると解釈すればいい。その無意識的推論の結果が，私たちに知覚されるのである。

（2）放送大学マスコット・イリュージョンを作ってみよう

マッハの本の奇妙な動きをさらに発展させ，3次元の立体と奥行き手がかりの関係を意図的に矛盾させる錯覚を，本書のカラー口絵を使って実際に作ってみよう。

人がかぶるお面（マスク）は，普通は前に向かって凸で裏側は凹になっている。しかしこの裏側にも，目鼻口のパターンがあるために，そこに私たちは凸状の顔が見えるように錯覚することがある。前述のマッハの本と同じように反転が起こるもので，これがホロウマスク錯視（hollow＝くぼんでいる）と呼ばれるものだ。

本書の口絵にある放送大学マスコット「まなぴー」人形を，指示に沿って切り取って組み立ててみよう。顔の部分を，本来はありえないように凹型にへこんで作るところがミソだ。

これが完成したら，片目だけで眺めてみると凹型の部分は，やがて反転して，本来の顔の形と同じように，鼻のあたりが凸になって見えてくる（ホロウマスク錯視と同じ）。

こうして顔が凸に見えるようになったら，次に自分の顔を左右に動かしてみよう。人形の顔があたかも自分を追ってくるような驚きの体験をすることができる。これは，マッハの本の場合と同じく，反転し

た状態で網膜像が変化すると，よく見えるべき面が見えなくなり，見えるはずのない部分が見えてくる。この矛盾を解消するために，人形が首を動かしてこちらを見ている，という解釈が採用されるのだ。

　この錯覚のオリジナル作品は，ドラゴンの人形を使ったペーパークラフトとして作られ，数学者のマーチン・ガードナーを記念した会合で配布されたため，「ガードナー会のペーパードラゴン（Gathering for Gardner Paper Dragon）」，もしくはドラゴンイリュージョンと呼ばれる（図 3-4）。

　また，このように実際の凹凸とは逆の手がかりを表面に描くことで，見る人の遠近感を逆転させて，ありえない視覚を体験できる錯覚を**リバース・パースペクティブ（逆遠近法）**と呼ぶ。近年，リバース・パースペクティブを利用したインパクトのある視覚表現が次々と発表されており，トリックアート系のミュージアムで楽しむことができる。

図 3-4　ドラゴンイリュージョン（BINARY ARTS, 1998）**と，放送大学まなぴーイリュージョンの完成図**

3. さまざまな錯視図形

（1） 幾何学的錯視

　図形や模様の大きさや角度が誤って知覚される現象は，**幾何学的錯視**と呼ばれる。すでに19世紀から多くの幾何学的錯視図形が見いだされてきた。しかし，こうした錯視が起こるメカニズムは，すべてが明確になっているわけではない。そのため，現在でも精力的な研究が行われ，新しい錯視が次々と発表されている。

　幾何学的錯視の代表的なものが，大きさの錯視である。古典的なミュラー・リアー錯視やフィック錯視（図3-5）のように長さが錯覚されるものと，エビングハウス錯視のように面積が錯覚されるものがある。

　フィック（水平垂直）錯視は，垂直方向が水平方向に比べて過大視される視空間の異方性を反映すると考えられる。しかし，横向きにしてもこの錯視は生じる点で，それだけでは説明がつかない。エビングハウス錯視は，網膜像の大きさの知覚にあたっては，周辺の情報との対比が手がかりになると解釈される。

　第2章で学んだ奥行き手がかりの影響が強く働いているのが，シェパード錯視である（図3-6）。図のような2つの平行四辺形は，全く同じ

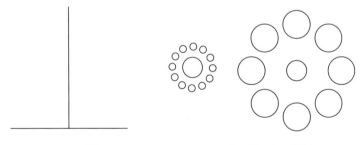

フィック錯視　　　　　　　　エビングハウス錯視

　図 3-5　フィック錯視では垂直線が水平線より長く見える。エビングハウス錯視では左の中心にある円が，右の中心円より大きく見える。

形のものが向きを変えて描かれているだけだが，横置きのほうが太く
見える。これらに，たとえば厚みを描き足したりテーブルの脚を書き
込んで，対象が立体だという情報を強調すると，奥行き手がかりの影
響がさらに強くなり，錯視量も大きくなる。

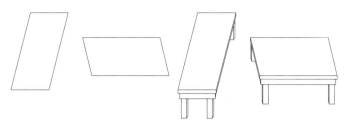

図 3-6　シェパード錯視（テーブルトップ錯視）

それぞれの平行四辺形は同じ形

（2）角度や方向の錯視

　古典的な傾きの錯視としてはポッケンドルフ錯視やツェルナー錯視
（図3-7）がよく知られているが，身近な風景で確認できる角度の錯視に

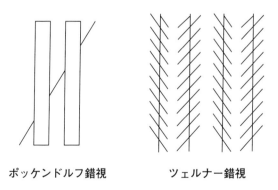

ポッケンドルフ錯視　　　　ツェルナー錯視

図 3-7　ポッケンドルフ錯視では，斜めの直線が一直線につながって
いないように見える。ツェルナー錯視では，垂直線が傾いて見える。

斜塔錯視がある。これは，塔を下から見上げたような遠近感のある写真を複製して2枚並べると，傾きが異なって見える現象である。

自分で撮った写真を使えば体験可能なのでぜひ試してみよう。線遠近法的な奥行き手がかりが豊富な画像を用いるのがコツである。遠近法でいうところの消失点が画面の中心からずれている画像を用意して，同じものを2枚プリントして並べてみよう。すると，2枚の写真の線分は平行になるはずなのに，傾きがずれているように感じられる（図

図 3-8　斜塔錯視

同じ写真を並べれば，対応する線は平行になるはずである。上図では，左のスカイツリーのほうが傾いて見える。下図ではセンターラインの傾きが左右で異なって見える。

3-8)。この錯視は，遠近法的な手がかりを誤解釈することで起こると考えられている。

（3）明るさの錯視

　図3-9の中心の灰色の領域は，左右とも同じ明るさの灰色である。しかし，白に囲まれると暗く見え，黒に囲まれると明るく見える。これは「明るさの対比」と呼ばれ，知覚される明るさは，対象の明るさだけでなく，周囲とのコントラストによって強く影響を受けることがわかる。人の知覚は，明るさコントラストを強調するように働くので

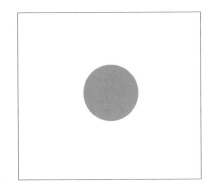

図 3-9　明るさの対比

図 3-10　アンダーソン錯視

ある。

　図3-10はアンダーソン錯視と呼ばれ，対比図形に連続する模様（テクスチャー）を加えると，図版が手前の部分と奥の部分に分離して，明るさや色に強い錯視が生じる。こうした対比効果は，明るさだけではなく，色の対比でも同じように起こる。ある領域が別の色で囲まれると，その影響を受けて補色（反対色）方向へ色彩の錯覚が起こることが知られている。

（4）描かれた図形が動いて見える錯視

　印刷されている図形が動き出して見える錯視は，見る人に非常に強いインパクトを与える。たとえば，図3-11のオオウチ・シュピルマン錯視（1986）やフレーザー・ウイルコックス錯視（1979）などが代表的

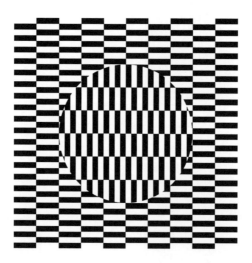

図 3-11　オオウチ・シュピルマン錯視
中の円領域が動いて見える

なもので，これまで数多くの動く錯視図形が発表されてきた。これらの錯視の研究は，人の運動知覚の仕組みを明らかにする脳科学の研究の進展と相互に影響を与え合いながら，伝統的な錯視研究に新しい分野を切り開いたのである。

　しかし，こうした錯視図形で動きが知覚されるメカニズムは，完全に解明されているわけではない。錯視の種類により，動きを検出するニューロンが縦横方向のエッジによって偏った反応をするためという仮説や，また常に微動している眼球と網膜像を補正するシステムが適切に働かないためといった仮説が提唱され，盛んに研究が行われている分野である。またこうした錯視は，知覚研究の対象であるのと同時に，錯視を利用した抽象芸術表現（オプアート）にも応用されてきた。エニグマ図形やマッカイ図形，ブリジット・ライリーの Fall などがそのさきがけとして知られている。

　日本の代表的な錯視研究者である北岡明佳は，多くの新しい錯視を発見しているだけでなく，錯視を利用した美しいビジュアル表現を発表して世界的に知られている。なかでも動く錯視は非常に印象的なもので，カラー口絵の「蛇の回転」や「躍るハート達」は，そのユニークな動きを楽しむことができる。「躍るハート達」は輝度コントラストが高い境界では脳の処理が早いのに対して，低い境界ではやや処理時間がかかって遅れるために動いて見える作品だ。

　「錯視はおもしろい。だから研究する」とシンプルに言う北岡は，発見した錯視図形をそのまま出すのではなく，親しみやすい形で，楽しんでもらえるように表現したいと語っている（太田・田中・北岡，2008）。北岡が発表したバラエティー豊かな錯視作品の数々は，本書でもいくつか引用・紹介したがさらに多くの作品を北岡の web ページで見ることができるので，不思議な錯視の世界にぜひ触れていただきた

い。

　また，2009 年からは，知覚心理学者による錯視コンテストが開催され，新しい錯視作品が毎年発表されている。これらの入賞作も北岡の web ページに紹介されているので，ご覧いただきたい。2019 年には十周年記念グランプリ作品も選定された。

■**学習課題**

　図 3-8 斜塔錯視は，どのようなメカニズムで起こるのか，奥行き知覚の仕組みをもとに考えてみよう

　日本各地に，さまざまな錯覚を体験できる建築物や風景，アミューズメント施設などがある。60 ページの体験マップを参考に，こうした視覚的な驚きをぜひ自分で体験し，どのような仕組みで錯覚が生じるのか考えてみよう。

参考文献

ニニオ, J.（著）, 鈴木光太郎・向井智子（訳）(2004). 錯覚の世界　新曜社（Ninio, J. (1998). *La science des illusion*. Odille Jacob）

北岡明佳（2017). おもしろサイエンス錯視の科学　日刊工業新聞社

北岡明佳（2019). イラストレイテッド錯視のしくみ　朝倉書店

竹内龍人（2010). だまし絵練習帳　誠文堂新光社

北岡明佳・グループコロンブス（2011). 作ってふしぎ！？トリックアート工作　あかね書房

引用文献・web ページ

谷川渥（1999). 図説だまし絵　もう一つの美術史　河出書房新社

北岡明佳（監修）(2007). Newton 別冊　錯視完全図解　ニュートンプレス

北岡明佳「北岡明佳の錯視のページ」
　　http://www.ritsumei.ac.jp/kic/~akitaoka/

太田光・田中裕二・北岡明佳（2008). 爆笑問題のニッポンの教養　知覚心理学　講談社

ドラゴンイリュージョン
　　http://www.grand-illusions.com/opticalillusions/dragon_illusion/

60

◎参考地図

錯視の体験マップ

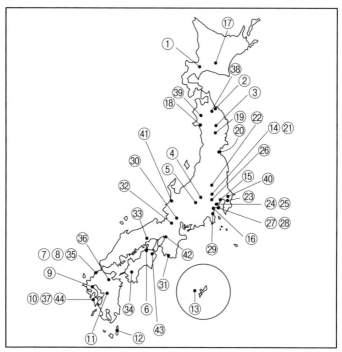

★坂道錯視（縦断勾配錯視）

①札幌市手稲平和霊園（札幌市）

②後戻り坂（青森県階上町）

③ミステリー坂（岩手県花巻市東和町石岡山南麓）

④軽井沢のぼり水路（長野県北佐久郡軽井沢町）

⑤長野県塩尻市国道153号線

⑥屋島ドライブウェイ（香川県高松市）

⑦坂のぼり水（福岡県久留米市田主丸町）

⑧ゆうれい坂（福岡県遠賀郡岡垣町）

⑨幽霊坂（佐賀県鹿島市飯田）

⑩ゆうれい坂（長崎県長崎市）

⑪木山弾正無念坂（熊本県天草郡苓北町志岐山・広域農道）

⑫ミステリー坂（鹿児島県中種子町）

⑬おばけ坂（沖縄県久米島）

★遠近法の錯覚
　⑭日光東照宮（栃木県日光市）
　⑮東京ディズニーリゾート（千葉県浦安市）
　⑯若宮大路（神奈川県鎌倉市）
★錯覚が体験できる施設（2019 年現在）
　⑰深山峠アートパークトリックアート美術館
　⑱秋田ふるさとの村ワンダーキャッスル
　⑲えさし藤原の郷
　⑳伊達政宗歴史館
　㉑とりっくあーとぴあ日光
　㉒那須とりっくあーとぴあ（栃木県那須町）
　㉓龍宮城スパホテル
　㉔東京科学技術館（東京都千代田区）
　㉕東京トリックアート迷宮館（東京都港区）
　㉖高尾山トリックアート美術館（東京都八王子市）
　㉗横浜トリックアートクルーズ
　㉘横浜大世界　アートリックミュージアム（神奈川県横浜市）
　㉙熱海トリックアート迷宮館
　㉚養老天命反転地（岐阜県養老町）
　㉛白浜エネルギーランド・トリックアートハウス（和歌山県白浜町）
　㉜太秦トリックアートの館（京都市）
　㉝神戸トリックアート不思議な領事館
　㉞城川視覚体験館（愛媛県西予市）
　㉟福岡トリックアートミュージアム（福岡市）
　㊱トリック 3D アート湯布院（大分県由布市）
　㊲ハウステンボススーパートリックアート
★錯覚に関わる芸術作品のある美術館
　㊳福田繁雄デザイン館（岩手県二戸市）
　㊴秋田県立近代美術館（秋田蘭画：西洋の遠近法を取り入れた江戸時代の絵画）
　　（秋田県横手市）
　㊵ホキ美術館（写実絵画）（千葉県千葉市）
　㊶金沢 21 世紀美術館（ジアニッシュ・カプーア，レアンドロ・エルリッヒ，ジ
　　ェームズ・タレル）（石川県金沢市）
　㊷国立国際美術館（高松次郎）（大阪府大阪市）
　㊸大塚国際美術館（トロンプ・ルイユ作品）（徳島県鳴門市）
　㊹ハウステンボス美術館（M・C・エッシャー）（長崎県佐世保市）
　※そのほか「坂道錯視」情報は立命館大学の下記ページを参照ください。
　　http://www.psy.ritsumei.ac.jp/~akitaoka/saka.html

4 | 知覚心理学と絵画芸術の接点

| 菊池　聡

《**目標＆ポイント**》　私たちの知覚システムでは，恒常性をはじめとしたさまざまな補正の仕組みが働く。そのために，外界を物理的な意味で正確に認識することは非常に難しい。しかし，これは単に「誤った」知覚というよりも，人にとって必要な心的過程の現れであった。この知覚システムによって，私たちは不十分な感覚情報を補い，対象の同一性を保持して世界を安定して認知できるのである。いわば，ゆがめられた知覚こそ，私たちが世界を認識する基本的な枠組みとも言えるのである。こうした，私たちが本来持っている人間らしい知覚の特徴は，写実的な描画が発達する以前の子どもの絵画や，古代・東洋の絵画などでうかがい知ることができる。こうした素朴な絵画表現は，歴史的にはルネッサンス期に線遠近法が発見されてからは排除されてきた。しかし，現代美術では私たちが本来持つ恒常的な知覚への回帰が試みられている。視覚芸術と知覚心理学の接点を考えてみよう。

《**キーワード**》　知的写実主義，ルネッサンス，エジプト絵画，やまと絵遠近法，現代絵画，印象派

1. 奥行き知覚と恒常現象

（1）奥行き知覚と絵画的手がかり

　私たちの奥行き知覚には，絵画的手がかりが重要な役割を果たしている。本章に入る前に，第2章で取り上げた「相対的大きさ」「重なり」「線遠近法」などについて復習しておこう。

　これらの絵画的手がかりは，経験によって学習されるという特徴がある。たとえば図4-1のような「きめの勾配」があると，そこには奥

図 4-1　きめの勾配

行きが感じられるだろう。しかし，そのパターンは，徐々に模様が変化しているスカートのような平面図形という解釈も可能で，一義的には決定できない。したがって，ここに奥行きを感じるということは，網膜上のパターンが，奥行きのある世界と対応していることを経験的に知っているという事でもある。

（2）線遠近法と恒常性の対立関係

　奥行き手がかりの知覚は，大きさの恒常現象に強い影響を与える。視覚における恒常現象とは，第 2 章で学んだように網膜像の変化に依存せずに，対象そのものを再現しようとする心的な働きであった。たとえば，遠くにある対象は網膜上では小さな像に結像するが，それが遠方にあることがわかると，現実の対象はもっと大きいことが推測され，大きめに補正して知覚される傾向がある。こうして，対象本来の大きさを認識しようとする性質が，大きさの恒常性である。もし，恒常性が完全に働く状態を想定すれば，同じ対象であれば，距離にかかわらず同一の大きさで知覚されることになるだろう。

　一方，私たちの網膜像は，遠くのものは小さく，近くのものは大きく，線遠近法（透視図法）に従って像を結ぶ。これは，カメラと同じで，平面に光学的に正しく投影した像である。

　このように，恒常性の世界で体験している像と，カメラに映し出される正確な像には，相反する性格があることがわかるだろう。

　図4-2のように，恒常性に着目して軸を設定してみよう。一方の極には完全恒常の世界を置く。完全恒常が成り立てば，同じ物体であれば距離にかかわらず同じ大きさに知覚される。見かけに惑わされずに対象の同一性が保持され，現実の存在そのものに忠実に，トップダウン的に再構成された知覚像である。もう一方の恒常度ゼロの極は，光学的に正しく網膜像に忠実な，ボトムアップ的な知覚像である。

　この恒常性をめぐる軸上で，絵画表現と遠近法の関係を捉え（仲谷，1993），人の錯覚と芸術表現の関係を考察していこう。

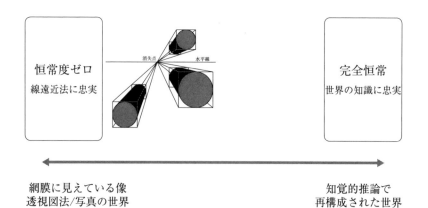

図 4-2　恒常度ゼロと完全恒常の世界の対立

2. 子どもの絵はなぜおもしろいのか

（1）子どもの絵と知的写実主義

　発達心理学者たちは，乳幼児の奥行き知覚がいつごろから，どのように発達するのかについて多くの研究を行ってきた。それらの成果によれば，乳児は，生後のかなり早い時期から運動視差による奥行き手がかりを利用できるようになり，大きさや形の恒常性も大人と同じように働くようになると考えられている。両眼立体視は生後 3 〜 4 か月ごろには正確になるが，学習にもとづく手がかりの利用は種類によって違いが見られる。物体同士の重なりの利用は 5 か月ぐらいで成立し，陰影による手がかりは 7 か月ぐらいで認識できるようになるとされる（山口・金沢，2008 など）。

　こうして奥行き知覚は早くから発達するが，線遠近法などの絵画的手がかりを適切に使って絵を描くためにはかなりの訓練が必要であり，子どもには写実的な絵画は描けない。しかし，子どもの絵では，正確な写実性に従わない分だけ，子どもの内的世界がそのまま表出される性質がある。こうした描写が人の知覚の本来の働きを反映している点で，子どもの絵はとても興味深いものになる。

　子どもの描画に見られる特徴の代表的なものに「透明画法（レントゲン画）」がある。これは，実際には隠れていて見えない部分が，あたかも見えているかのように説明的に描かれる絵である。たとえば家を外から描いているのに家の中の様子が描かれ，樹木画では根が描かれる。また，一体化していたり隠れたりしている要素をバラバラに分解して描く「分かち描き」も現れる。

　これらからわかるように，子どもは目で見た像を描いているのではなく，実際に自分が知っている存在を描く傾向がある。こうした描画

法がさらに進むと、「擬鳥瞰図法」や「疑似展開図」と呼ばれるような、実際にはありえない視点からの見取り図が描かれるようになる。こうした絵では、描かれている対象は、実際の見え方にとらわれず、最も特徴的な形がわかるような視点から描かれる。

　図4-3が、運動会を描いた疑似展開図的な絵の一例である。グラウンドの様子やそれを囲む人たちの様子が、現実の配置や視点にこだわることなく周囲に倒れるように展開され、それぞれが複数の視点から俯瞰的に描かれている。このように、子どもの絵は、実際の見え方に拘束されずに対象の属性を表現しようとするために、必然的に、多視点が混合された表現や、異なる時間のものが混合した表現になる。

　また、人物画に特徴的な表現として、胴体を描かずに、単純な線で書かれた頭に手足がついた描写がみられ、これは「頭足人」もしくは「頭足人間」、と呼ばれる。タコやイカなど頭足類と呼ばれる軟体動物の一部は、大きな頭から直接足が生えているように見えることが語源

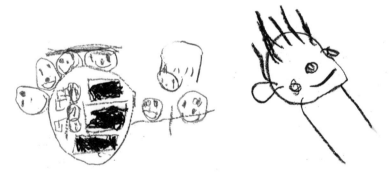

図 4-3　「疑似展開図」(運動会) と「頭足人」(友だち)

4 歳児

の一つとされているが，頭足類では頭に見えるのは実際は胴体である。こうした描画も，子どもにとって重要な知識や強く感じた印象が絵に現れていることをよく表している。

　大人にとっての写実的な絵とは，線遠近法（透視図法）にのっとって紙の上に写真のように正確に再現された絵である。こうした見方は「視覚的写実主義」と呼ばれる。一方で，子どもの場合は，対象そのものを描くことが写実なのである。そのためには，実際に見えない要素や，描き手の心の中にしか存在しない抽象的な要素まで描かれる。そして，強く印象づけられたことが誇張され，対象の見かけの大きさや相互の空間関係は無視される。

　このような子どもの絵には，子どもにとっての典型的なイメージや，本質的な特徴が現れてくる点で非常に興味深い。こうした表現は，フランスの児童画研究者ジョルジュ・アンリ・リュケによって「**知的写実主義**」と名付けられている。リュケの言う知的写実性の原理とは「表現する物事の本質的な要素をできるだけ多く，可能な限り細大漏らさず，おのおのの特徴的な形，いわば"その物自体"を保存しながら描く」ことである（リュケ，1979（原著 1927））。

　知的写実主義傾向は幼児期後期から 8 歳ごろまで見られるものの，やがて視覚的写実主義のような正確な表現へと向かうようになる。この変化は線遠近法などの描画技術の習得が反映しているが，子どもの自己中心的な認知から，自己と他者の視点が理解され社会性が獲得されていく発達過程とも対応する。知的写実主義の消滅は，一般には絵の上達ではあっても，「皮肉なことにそれまでの奔放なおもしろさが絵から消えていく」(藤本，1993) と，捉えることもできるだろう。

3. 絵画の歴史と遠近法の発見

（1） 古代の絵

　子どもの知的写実主義的な絵画と，よく似た印象を受けるのが，古代から中世にかけて描かれた絵画である。これらは，洋の東西を問わず，子どもの絵と同じように視覚的な写実性が無視され，自由な視点で描かれているものが多い。

　たとえば，古代エジプト絵画では，対象の特徴が最もよく表れるようにいくつかの視点が混合されて描かれている。人の顔は横向きなのに，目は必ず正面を向き，胴体もしばしば正面を向くというように，多視点図法が様式化されていた。また，地位の高い人物は大きく描くことや，図4-4右図に見られるような疑似展開図的な表現も，子どもの絵とよく似ている。

　古代の絵では，奥行きに関する絵画的手がかりは一部に限定されているが，全く遠近法が使われていないわけではない（表4-1）。エジプトの絵画では，近くの対象によって背後を隠す「対象の重なり」や，遠くのものは上に積み重ねて描く技法などが使われ，奥行きを表す表現様式として定着していた。しかし，線遠近法を用いた立体感のある表現はほとんど見られず，遠くの対象が距離に比例して小さく描かれることはまれである。つまり，大きさの恒常度が高く保たれているのである。古代ギリシャやローマなどでは，線遠近法的表現の萌芽もみられたが，中世に至るまで普及することはなかった。

　遠方の対象を積み重ねて遠近感を表現する手法は，エジプトばかりでなく，線遠近法が伝えられる以前の日本の絵巻物や屏風絵などでもみられる。こうした日本の遠近法は**やまと絵遠近法**と呼ばれ，透視図法ではなく，斜めから平行に投影された構図にその特徴がある（図

図 4-4　左図　第19王朝時代の死者の書（大英博物館蔵），**右図　レクミラーの墓の壁面「貴族の庭園」**

古代エジプトの絵画には，線遠近法は使われていないが，独特な遠近法や表現手段が使われている。

表 4-1　各時代の絵画表現において奥行きを表現するために用いられた遠近法表現（絵画的手がかり）。○は典型的に用いられたもの。△は一部，あるいは限定的。×は一般には用いられなかったもの（ソルソ，1997）。

時代	相対的大きさ	対象の重なり	陰影	高さ	きめの勾配	大気遠近法	線遠近法
先史時代	○	○	△	○	△	×	×
エジプト	×	○	△	○	×	×	×
ギリシャ	△	○	×	△	×	△	△
ローマ	○	○	○	○	△	×	△
ルネッサンス	○	○	○	○	○	△	○
印象派	○	○	○	○	○	○	△
現代	△	○	△	△	△	△	△

図 4-5　源氏物語絵巻　東屋（あずまや）　（徳川美術館蔵）（(C)は p.6)

4-5)。

　見たとおり忠実に描けば線遠近法的な表現になると考えるのは，現代人の思い込みかもしれない。人の自然な知覚は恒常性に従っており，網膜像に忠実な線遠近法は，個人の発達においては学習される必要があり，また歴史的にも発見（再発見）される必要があった。

（2）西欧絵画における恒常性の否定

　一点透視や二点透視図法といった線遠近法が理解され，実際の絵画作品の制作に体系的に用いられるようになったのは，ルネッサンス期の西欧絵画以降であった。線遠近法は，建築家フィリッポ・ブルネッレスキによって発見され，レオン・バッティスタ・アルベルティの『絵画論』(1435) によって理論化されたといわれる。

　線遠近法は，3 次元の立体が 2 次元に投影されるとどう見えるのか，という幾何学的な計算によって成し遂げられた。その背景としては，カメラオブスキュラというカメラの原型が発明されて光学的な投影の

仕組みが明らかになったことや解剖学の発展がある。解剖によって眼球の構造が解明され，それがカメラオブスキュラとよく似た仕組みを持つことが理解されると，人が見ている世界は「このように目には映っているはずだ」と推測できたのである。

　こうしてルネッサンス期には，線遠近法だけではなく，大気遠近法をはじめ，多くの絵画的手がかりが作品制作に用いられるようになった。かくして，西欧の絵画芸術は，恒常的な知覚世界を離れて，写実的でリアルな絵画表現を志向するようになったのである。

　「最後の晩餐」というキリスト教の同じモチーフを描いた 2 つの作品を並べてみると，ルネッサンス前後の違いが明確になる（図4-6）。12世紀に描かれた絵では，線遠近法は見られず疑似展開図的な表現で描かれている。一方で，修道院の食堂に描かれたダ・ヴィンチの作品は綿密な遠近法的な計算をもとにしている（下絵を描くだけで 3 年かかったという）。その結果，食堂の中でこれを見た人にとっては，リアルな空間が壁画の中に続いているように感じられたのである。

8.19　The Last Supper, miniature from a Syrian codex, twelfth century.

図 4-6　「最後の晩餐」左は 12 世紀に描かれたもの（ソルソ，1997 より）。右は 1498 年にレオナルド・ダ・ヴィンチによって描かれたもの（サンタ・マリア・デッレ・グラツィエ修道院）

図 4-7　デューラーのデッサン技法（ソルソ，1997 より）

　こうして，ルネッサンス以降，大きさや形の恒常性の影響は絵画表現から排除され，線遠近法を駆使したリアルな表現が志向されるようになってきた。恒常性の影響を受ける自然な知覚に頼っていると，幾何学的に正確な描画は困難である。図4-7は，アルブレヒト・デューラーが女性を描いている様子だが，格子状のスクリーンを通すことで，強制的に正確な表現ができるように工夫をしていることがわかる。

　現在でも絵画デッサンの際には，指で枠を作ったり鉛筆をかざして片目で対象を見たりしながら，恒常性を打ち消して幾何学的に正しい描画ができるように矯正する方法はよく見られる。

（3）恒常性の否定と，その転機

　「明るさの恒常性」とは，光の量にかかわらず人が対象の明るさを一定に保とうとする性質だが，17 世紀のバロック期にはこれに反してコントラストの強い黒地背景が描かれることが多くなった。そして，19世紀に登場した初期の印象派では，「色の恒常性」に従わない絵画表現も現れるようになった。色の恒常性とは，環境光の色合いが変わっても，それによって対象の色の見え方は変化せず，そのものの固有色を

再現する傾向である。印象派の絵画では，モネの「印象・日の出」に見られるように，光線そのものが持つ色彩が描き出され，恒常性が再現しようとする対象の色は明確に描かれていない。このようにルネッサンス以降の西欧絵画の変遷は，人の恒常性の克服へと進んできたと捉えることができる。

　しかし，恒常度ゼロへの志向性は，やがて転換点を迎えることになる。19世紀に，写真技術が登場し，絵画の目指した写実的な表現がかなり実現されてしまったのだ。そのため，絵画表現のアイデンティティは，写真的な写実描写にではなく，これまで否定されてきた人間的な知覚にこそ求められるようになった。こうした考え方は，個人の自由を重視した当時の社会状況や，多様な表現を可能にした絵の具の進歩などとも関連があるとされている。

（4）恒常性への回帰

　3次元表現に着目すると，ルネッサンス的写実絵画から近代絵画への橋渡しは，17世紀のオランダ絵画に現れると指摘されている（村山，1988）。しかし，恒常性と関わる絵画表現が本格的な転換期を迎えたのは19世紀の印象派の時代からである。この時代には，ルネッサンス以来の伝統となった線遠近法が重視されなくなり，大気遠近法的な表現が好まれるようになってきた。

　後期印象派の画家ポール・セザンヌの作品をもとに，線遠近法が排除されて知覚体験が表現されている例をみてみよう。

　彼は，「絵を描くことは対象をそのままに描くのではなく，構成することだ」という言葉を残している。彼は故郷のサント・ヴィクトワール山の風景を好んで数多く描いたが，実際に描いた場所からでは，遠くにごく小さく見える程度の山である。しかし，セザンヌの作品では，

図 4-8　セザンヌ《トロネの道とサント・ヴィクトワール山》
（エルミタージュ美術館蔵）

非常に堂々とした山容に描かれている（図4-8）。彼は山を意図的にデフォルメして大きく描いたというよりも，自らの実感に忠実に，すなわち人間らしい恒常性の原理に従って描いていたと考えるべきだろう。

　また，同じくセザンヌの「果物籠のある静物」(図4-9) も，一見するとデッサンが崩れたような奇妙な感覚を覚える。この絵は，単一の視点から描かれた透視図法ではなく，図の右にあるように1つの絵の中に，複数の視点から見た描写が混在している。こうした特徴は，知的写実主義や古代の絵とよく似たものだ。

　こうした西洋絵画における新しい潮流は，20世紀初頭には，フォービスムやキュビスムといった現代絵画に受け継がれた。現代絵画では，写実的な表現は強く否定され，色や形は対象に対応するのではなく，芸術家の内的な感覚の表現であることが重視された。図4-10のパブロ・ピカソの作品は，線遠近法を否定して複数の視点からの再構成を徹底していることで知られている。一方でピカソの初期の作品は非常

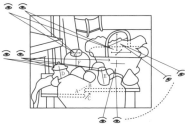

図 4-9　セザンヌ《果物籠のある静物》
（オルセー美術館蔵）

多視点から見た描写が混合して表現されている。

に写実的な描写で知られている。こうした写実的な表現を突き詰めた
上でピカソは写実の否定に至ったのである。ピカソは晩年になって
「この年になってやっと子どもらしい絵が描けるようになった」と語っ
たという（高木，2015）。

　本章では，古代から現代に至る絵画表現の歴史と，子どもの絵の発
達という 2 つの異なる研究分野を，恒常性という知覚心理学の概念で
対応づけて捉えてみた。すると，そこには多くの共通点を見い出すこ
とができ，人間や文化にとっての錯覚がいかなる役割を果たしてきた
のかを知ることができた。神経科学者のセッキは「美術は恒常的なも
のの追求であり，その過程において画家は多くのものを捨て去り，本
質的なものを追求していくので，美術は視覚脳の機能の延長にあたる」
と指摘している。錯覚を多面的に考えることのおもしろさは，このよ
うな意外なものの見方に気付くことができる点にもあると思う。

図 4-10　ピカソ《アヴィニヨンの娘》
（ニューヨーク近代美術館蔵）（(C)は p.6）

■**学習課題**

　身近な幼児が描いた絵や，あなた自身が子どものころに描いた絵か
ら，知的写実主義の特徴を探してみよう。それが，どのようなイメー
ジの反映であると考えられるだろうか。

参考文献

ソルソ, ロバート, L. （著）, 鈴木光太郎 （訳）(1997). 脳は絵をどのように理解するか　絵画の認知科学　新曜社

仲谷洋平・藤本浩一 （編）(1993). 美と造形の心理学　北大路書房

山口真美・金沢創 （2019). 赤ちゃんの視覚と心の発達　補訂版　東京大学出版会

引用文献

藤本浩一 （1993). 立体を平面に翻訳すれば　仲谷洋平・藤本浩平 （編著）　美と造形の心理学　北大路書房　pp.114-126.

リュケ, G. H. （著）, 須賀哲夫 （訳）(1979). 子どもの絵—児童画研究の源流—　金子書房 （Luquet, G. H. 1927 *Le Dessin Enfantin*, Delachaux Niestle.）

仲谷洋平 （1993). 造形のための知覚論 II　仲谷洋平・藤本浩平 （編著）　美と造形の心理学　北大路書房　pp.28-45.

村山久美子 （1988). 視覚芸術の心理学　誠心書房

仁田三夫 （1977). 古代エジプト壁画　日本経済新聞社

ソルソ, ロバート, L. （著）　鈴木光太郎 （訳）(1997). 脳は絵をどのように理解するか　絵画の認知心理学　新曜社 （Solso, R. L. （1996). *Cognition and the Visual Arts*, A Bradford Book.）

高木まさき （2015). パブロ・ピカソ　学研教育出版

山口真美・金沢創 （2008). 赤ちゃんの視覚と心の発達　東京大学出版会

セッキ, セミール （著）河内十郎 （訳）(2002). 脳は美をいかに感じるか　日本経済新聞社 （Zeki, S. （1999). *Inner vision*, Oxford University Press.）

幼児の絵画例は，福山市立大学教育学部山田真世講師から提供を受けた。

5 | 視覚芸術と錯覚

金井　直

《**目標＆ポイント**》　錯覚と西洋美術の密接な関係を，さまざまな事例を通して学び，錯覚が支える文化の一端を認識する。
《**キーワード**》　トロンプ・ルイユ，線遠近法，ルネッサンス

....

　「要するに空，海，大地，山々，森，草原，庭園，河，都市，…これらすべてのものを画家は描きます。」

カスティリオーネ『宮廷人』(1528)

　錯覚が，説明・解決されるべき誤認ではなく，多様な知覚の現れであるならば，芸術ほど錯覚そのものを肯定・活用する分野もないだろう。とりわけ，絵画・彫刻といった美術（視覚芸術）と錯覚には，切っても切れない関係がある。再現，模倣，透視図法，**トロンプ・ルイユ**（だまし絵），…，要するにこれらは，さまざまなイリュージョン（錯覚）である。2次元の画面に空が広がり，石の塊が人の気配で私たちを驚かす。プラトンのようにその仮象性を嫌い，イデアの国から芸術家を追放する者もあれば，一方，ヘーゲルのように，美・芸術の仮象性を肯定し，そこに独特の真実の在り方を認める者もいる。いずれにせよ，イリュージョン，すなわち広い意味での錯覚が，美術の歴史と現在を支えていることに疑いはないだろう。本章では，西洋美術の事例を中心に，さまざまな錯覚を紹介することとする。

1．ルネッサンス絵画における錯覚

　美術における錯覚といえば，まず思い出されるのが，大プリニウス（23〜79）が『博物誌』の中で伝える古代ギリシャの２人の画家，ゼウクシスとパラシオスの技競べである。話はこうだ。まずゼウクシスがブドウの絵を描く。その迫真の描写に欺かれて，鳥がブドウのそばまでやってきた。一方のパラシオスはカーテンを描く。すると，さあ絵を見せよと，ゼウクシスがカーテンを引こうとしたという（プリニウス，1986，p.1421）。鳥よりも人をだましきったパラシオスに軍配があがるという筋は微妙だが（私はむしろ鳥さえ欺く絵を見たい），ともあれ，画術が詐術でもあるという，話の根本は重要だ。

　同じような逸話は後世にも繰り返し登場する。たとえば若き日のジョット（1267 ごろ〜1337）が，師匠チマブーエ（1240〜1302）の描いた人物像の鼻先にハエを描いたところ，後から絵を見たチマブーエは，手でそのハエを追い払おうとしたという（ヴァザーリ，1982，p.43）。この逸話でもまた，画家の栄誉である迫真の描写力が語られると同時に，見る者が「ひっかかる」という点にアクセントが置かれている。このジョットが描いた絵は残されていないが（実在しなかったかもしれない），同様のだまし絵のハエは 15 世紀，つまり初期ルネッサンスの絵画に続々登場するものである。一例としてカルロ・クリヴェッリ（1430 ごろ〜95）の《聖母子》(図 5-1) をみてみよう。絢爛たる衣装をまとった聖母の足元，ひびの入った石の台上に，２個の梨と１匹のハエが描かれている（図 5-2）。描き込まれた影によって，両者の立体感がよく表されているが，よく見てみれば，それぞれの影の角度に微妙なズレのあることがわかる。梨の影が横に，つまり画中の石の面に沿って伸びるのに対し，ハエの影は画面そのものに落ちるかのようである。つまり，

図 5-1　カルロ・クリヴェッリ
《聖母子》(1472　ニューヨーク，
　メトロポリタン美術館)

図 5-2　左のカルロ・クリヴェッリ
《聖母子》の右下部分

ハエは石の上ではなく，絵に止まっているようにも描かれているので
ある（谷川，1999，p.30)。見る者の注意力に応じて，このハエは，画中
と画面上を行き来するわけだ。とはいうものの，そもそもこのハエは
絵の具で描かれた2次元の色，形である。二重の錯覚の間を揺れるハ
エによって，私たちは，改めてクリヴェッリの画力に感嘆することに
なる。

　ハエの流行はさておき，ルネッサンス絵画におけるイリュージョン
の主役といえば，もちろん**線遠近法**（幾何学的遠近法）である。フィ

リッポ・ブルネッレスキ（1377〜
1446）による 1420 年代の実験，レ
オン・バッティスタ・アルベルテ
ィ（1404〜72）の『絵画論』(1435)
中の記述によって，理論化・実用
化されていったこの遠近法は，ア
ルベルティその人が記すように絵
画を「開かれた窓」に，第 4 章の
表現を借りるならば，恒常性ゼロ
の場に変容させる新技法であった。
同章にも登場した，フィレンツェ，
サンタ・マリア・ノヴェッラ聖堂
に残るマザッチョ（1401〜28）の壁
画《聖三位一体》(1427 ごろ　図 5-3)
を，改めてみてみよう。

図 5-3　マザッチョ《聖三位一体》
（1427 ごろ　フィレンツェ，サン
タ・マリア・ノヴェッラ聖堂）

　描かれているのは壇上の十字架
に架けられたキリストを中心に，
その背後に父なる神，精霊のハト，
向かって左に聖母マリア，右に福音書記者聖ヨハネ，壇下左右に男女
の寄進者，さらにその下にアダムの遺骨が据えられている。図像の記
述・解釈はおくとして，ここで注目したいのは，居並ぶ人物像を包み
込む建築構造の描写である。消失点を十字架の真下，寄進者の 跪 く
面（つまり，この絵を見る者の目線に近い高さ）に設定して正確に作
図することで，マザッチョはヴォールト（トンネル構造）によって覆
われた一つの礼拝堂空間を作り出す。実際に聖堂を訪れ，この絵の前
に立てば，三位一体という幻視＝イリュージョンを体験する寄進者た

ちが，まさに聖堂のその場にいるかのような錯覚＝イリュージョンを感じるに違いない。二重のイリュージョンを誇示するルネッサンス絵画の傑作である。

　マザッチョは惜しくも28歳で世を去るが，ウッチェッロ（1397〜1475）やピエロ・デッラ・フランチェスカ（1415/20〜92）らの活躍によって，線遠近法は普及し，ほどなく画家にとっても鑑賞者にとっても，欠かすことのできない絵画技法の一つとなった。そうなると，今度はその技法自体を操作することで，いっそう洗練された錯覚をもたらす画家も登場する。フランチェスコ・デル・コッサ（1436ごろ〜77/78）の《受胎告知》(1470ごろ　図5-4）をみておこう。

　描かれているのは，大天使ガブリエルがマリアに懐妊を告げる，西洋絵画のレパートリー上，特に有名な場面である。本作においては，アーチや円柱など，2人を取り囲む建築構造から画面の底辺をはうカタツムリ（上述のハエ同様，画中と画面上を揺れるトロンプ・ルイユである），飛来する父なる神の姿まで，画面全体が精緻に描写されており，コッサの卓越した技量を堪能することができる。もっとも，ここで注目したいのは，そのような写実性ではなく，本作の持つ空間構造である。一見，大きな違和感はないかもしれないが，遠

図 5-4　フランチェスコ・デル・コッサ《受胎告知》(1470ごろ　ドレスデン国立絵画館）

近法空間としての構造を想像してほしい。すると，画面中央の円柱は背景の一部ではなく，天使とマリアの中間に，両者のまなざしを遮る位置に立っていることがわかるだろう。実は画中の 2 人はお互いのまなざし，表情をはっきり知ることなしに，声だけを掛け合っているのである。この奇妙な配置には，もちろん明確な意味がある。図像学的に，円柱は，むち打たれるキリストが縛り付けられた柱として，アルマ・クリスティ，すなわちキリストの受難を暗示する象徴の一つとされてきた。つまり，このコッサの絵では，マリアとガブリエルはお互いの姿に目を向けているようで，実際には，円柱を，そこに暗示される受難の相とともに，まなざしているのである。（アラス，2002，pp.31-33）線遠近法あればこその錯覚が，この絵の象徴性を高めていると言ってよいだろう。

2.　まなざし

　改めてマザッチョをみておこう。線遠近法を大いに用い，その魅力と可能性を明らかにしている絵画といえば，フィレンツェのブランカッチ礼拝堂に現存する「聖ペテロ伝」の壁画がよく知られているが，ここで注目しておきたいのは，《キリストの磔刑》(1426　図5-5) である。金地という超現実的な背景は線遠近法とは相いれない。キリストの姿も窮屈そうに浮き上がって

図 5-5　マザッチョ《キリストの磔刑》
（1426　ナポリ，カポディモンテ美術館）

84

見える。美術館で普通に正面から鑑賞すると，もちろんマザッチョらしい量感に富んだ人体表現は好ましいが，いささか違和感の生じる作品だ。これはどういうことだろうか。答えはキリストの首元に顕著なゆがみに隠されている。この絵は，現状のように美術館で正対して鑑賞されるものではなく，本来は，祭壇画の上部に据えられて，仰視されるものであり，マザッチョは，鑑賞者（信者）のその視角を前提に，イメージを補正していたのである。

　同様の補正は，彫刻においてはしばしば確認されるものである。ミケランジェロ（1475～1564）の《ダヴィデ》(1504　図5-6) もその一例であろう。作品イメージがルネッサンスの精華としてあまりにも流布しているために，像のプロポーションがあえて問われる機会は少ないが，

図 5-6　ミケランジェロ《ダヴィデ》（1504　フィレンツェ，アカデミア美術館）

図 5-7　ミケランジェロ《ダヴィデ》

思えばいくぶん頭が大きい。高い位置から撮影された画像ではますますこの印象は強まるはずである（図5-7）。しかしながら，台座の上に載ったこの人物像を，床面から見上げるときには，上半身の重さは解消され，むしろ若き英雄にふさわしいしなやかなプロポーションが際立つ。ここでは，人体像自体のバランスよりも，仰ぎ見る側の身体（視線）が取り込まれた自然主義が優先されているのである。

3. ソット・イン・ス

　このような仰視を巡る関心，経験と，ルネッサンスの線遠近法が交わるところに生まれるのが，いわゆるソット・イン・スの天井画である。ソット・イン・ス（あるいはディ・ソット・イン・ス di sotto in su）とはイタリア語で下から上へといった意味である。アンドレア・マン

図 5-8　アンドレア・マンテーニャ「円形天窓」
（1473ごろ　マントヴァ，パラッツォ・ドゥカーレ「夫妻の間」）

テーニャ（1431〜1506）がマントヴァのパラッツォ・ドゥカーレ「夫妻の間」に描いた天井画（1473ごろ　図5-8）が名高い。円形の天井に空とプットたちなどが描かれているのだが，奥行き感をかきたてるうえで重要なのは，周囲の建築モチーフである。その形と線が，正確に天井中央の消失点を指し示し，雲に隠れた空の高みを暗示する。さらに私たちの目を楽しませるのは，円形の建築の縁に立つプットたちの不安定な姿であり，今にも滑って落ちてきそうな桶である。これらもまた精密な短縮法で描き上げられているからこそ，見る者は，絵であることを知りつつも，上昇と下落のスリルを繰り返し味わうことになるのである。

図 5-9　アンドレア・ポッツォ「クーポラのだまし絵」
（1685　ローマ，サンティニャーツィオ聖堂）

　時代は下り，17世紀，バロック時代に入ると，この種のソット・イン・スは，画中の建築に，実物と見まごうほどの視覚効果を与える遠近法，いわゆるクアドラトゥーラとして大いに流行し，世紀後半には，大成者，アンドレア・ポッツォ（1642～1709）が登場する。ローマのサンティニャーツィオ聖堂に彼が描いたトロンプ・ルイユ（だまし絵）のクーポラ（1685　図5-9）は，聖堂入口，身廊方向から眺めると，紛れもなく壮麗な建築構造として立ち現れる力作である。これは，実物のクーポラを建設することのできなかった教会側にとっては苦肉の策，建築の代用としての絵画であったが，その出来栄えは見事で，評判も高く，ポッツォは引き続き同聖堂全体の絵画装飾を手がけることになった。身廊天井に描かれた《イエズス会の伝道の寓意》(1691～94　口絵-5)は，天井中央で父なる神とイエスの光を浴びる聖イグナティウスが，その光線を伝道の地となる4大陸，ヨーロッパ，アジア，アフリカ，アメリカに振り分けるものであり，バロックのアポテオシス（聖人などを礼賛する絵画）の代表的な作例である。その神々しい場面を天井の真下の一点から見上げると，画中のすべての建築が，天へとせり上がり，神，イエス，聖イグナティウスを枠取っていく。遠近法の威力が遺憾なく発揮されたクアドラトゥーラの傑作である。

4．建築と錯覚

　ソット・イン・スが現実の建築構造を巻き込んだだまし絵であったとすれば，第3章で示したように，建築自体が距離や大小関係の錯覚を生じさせる場合もある。ジャン・ロレンツォ・ベルニーニ（1598～1680）がバチカン宮に造営した大階段，スカラ・レジアが好例である（図5-10）。階段下から段上のほうを眺めると，ヴォールトを堂々たる円柱の連なりで支えた空間が，ほとんど延々と続くような印象を，私た

ちは受ける。ローマ教皇の宮殿にふさわしい壮麗さである。しかし，実際には，この階段の左右の壁の間の距離は，上に行くほど狭くなっており（下段は4.8メートル，上段は3.4メートル），それに合わせて円柱間の距離も順次狭められている（図5-11）。ベルニーニのこの巧妙なデザインが，階段に現実以上の深い奥行き，高みへの上昇感を与えているのである。

　同様に，奥に向かって空間を絞ることで，距離感を増幅させる仕掛けは，ベルニーニのライバル，フランチェスコ・ボッロミーニ（1599〜1667）がローマのスパーダ宮で手がけた柱廊にも認められる（図5-12）。開口部手前の幅は5.8メートル，奥が2.45メートル。柱廊の長さは8メートルほどであるが，奥の明るい空間に据えられた彫刻までは，はるかに長い距離があるように感じられる（この彫刻もごく小ぶりのも

図 5-10　ジャン・ロレンツォ・
ベルニーニ「スカラ・レジア」
（1663〜66　バチカン宮）

図 5-11　フィリッポ・ボナンニ「スカラ・
レジア」立面図・平面図

ので，距離感の誇張に一役買っ
ている）。実際に通り抜けてみ
れば，あっけにとられること必
定である。時代はさかのぼる
が，アンドレア・パッラーディ
オ（1508〜80）の建築として知
られるヴィチェンツァのテアト
ロ・オリンピコ内に，ヴィンチ
ェンツォ・スカモッツィ（1548
〜1616）が手がけた舞台装置に
も，同様の遠近法の誇張が施さ
れており，室内の限られた空間
に，深い奥行き感をもたらして
いる。

**図 5-12　フランチェスコ・ボッロミーニ
「スパーダ宮柱廊」**（1652〜53　ローマ）

　以上のような建築とは逆に，
先細りではなく末広がりの効果
を巧みに用いたのがミケランジェロである。ローマ中心部，カンピド
リオの丘には，そもそも元老院とコンセルバトーリ宮という2つの建
物があったが，それらが接する角度に注目したミケランジェロは，元
老院に向かって末広がりになるように，新たな宮殿と広場を造営した
（図5-13，5-14）。これによって，階段を上って丘の頂上にたどりついた
とき，正面の元老院が実際よりも大きく，せり出して感じられるよう
になったのである。同様の末広がりの効果は，後に，サン・ピエトロ
聖堂前の広場にもベルニーニによって導入され，聖堂ファサードの威
容を一層高めることになった（図5-15，5-16）。

図 5-13 ミケランジェロ「カンピドリオ広場」

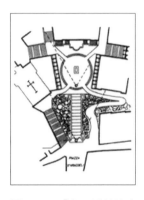

図 5-14 「カンピドリオ
広場」平面図

図 5-15 ジャン・ロレンツォ・ベルニーニ
「サン・ピエトロ広場」(1667)

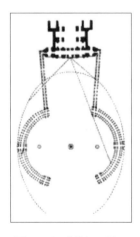

図 5-16 「サン・ピエ
トロ広場」平面図

5.　筆致と色彩

　ここまでみてきた錯覚の例は，事物の細やかな写実描写か，あるい
は線遠近法，短縮法を用いて事物の前後関係や距離感，深度に働きか
けるものであったが，絵画の錯覚においては，線描や輪郭の精度のみ
が問われるわけではない。絵筆のタッチや色彩も，また別の錯覚を生
み出し，絵画表現の幅を豊かにするものである。

　一例を挙げよう。イタリア・ルネッサンスを代表する画家ティツィ
アーノ（1488/90 ごろ～1576）による《アレティーノの肖像》(1545 ごろ
口絵-6）である。旺盛な執筆活動で名を馳せた文人アレティーノの生気
あふれる表情と立ち姿を，見事に捉えた肖像画であるが，特に注目し
たいのは，その着衣の描写である。いかにも上質そうな厚みのある生
地のひだに沿って光沢が走っているが，1歩2歩と作品に近づいてみれ
ば，その印象的な輝きは，実際には，ほとんど一筆描きと言ってもよ
いほどの，簡略な筆致のみで成り立っていることがわかる。画家の伝
記を著した同時代人，ジョルジョ・ヴァザーリ（1511～74）は，ティツ
ィアーノの特に後期の作品について，「大まかに，一気呵成に，斑点で
もって描いてあるから，近くから見るとなんのことかわけがわからな
い。ところが，離れて見ると完璧な姿が浮かびあがってくる」(ヴァザー
リ，1982，p.368）と記している。同様の「一気呵成」の筆致は，後続の
世代，たとえばヤコポ・ティントレット（1518～94）らによって受け継
がれ，線遠近法と輪郭線を重視するフィレンツェ・ローマの絵画とは
異なる，ヴェネツィア絵画の「絵画的」な伝統として高く評価される
ことになる。

　ところで，歴史的な背景を抜きに，上記のヴァザーリの言葉だけを
読み返してみれば，むしろ別の時代の絵画が連想されるかもしれない。

「斑点」ではあるが「離れて見ると完璧」。クロード・モネ（1840〜1926）やオーギュスト・ルノワール（1841〜1919）らの，19世紀の印象主義絵画がまさにこれではないだろうか（口絵-7）。

　個物を描き取る写実から離れ，むしろ光の効果や推移する現象の描写を目指す印象主義者にとって，筆触分割はきわめて重要な手法であった。色の変化を，絵の具を混ぜ合わせながら描写すると，どうしても色調が濁り，画面が全体に重くなるが，チューブから出したままの鮮やかな絵の具を，短い筆致で併置していけば（筆触分割），光の充溢を連想させる彩度を保ったまま，モザイク状の画面が生まれる。これをある程度の距離をとって眺めれば，まさにモザイク画のように，物の形や風景が現出するのである（視覚混合）。さらにはジョルジュ・スーラ（1859〜91）のように，この色斑を一層制御された点描に置き換え，画面に静謐さと充満する光の効果を与える新印象主義の画家も登

図 5-17　ジョルジュ・スーラ《グラヴリーヌの運河，夕暮れ》
（1890　ニューヨーク近代美術館）

場した（図5-17）。

　印象主義から新印象主義への展開を支えた筆触分割・視覚混合という発想・技法は，絵画史の上では，その後，20世紀に登場する新様式・新技法に取って代わられることになったが（フォービスム，キュビスム，抽象絵画の出現），その一方で，ディスプレイ，プロジェクターなど，今日私たちを取り巻くイメージの世界においては，重要な出力方法として継承され，最大限活用されているのは周知のとおりである。R（赤）・G（緑）・B（青）の光の粒が，万物の現れをつかさどると言っても過言ではないだろう。

6. 鑑賞の環境・条件

　上述の「視覚混合」に似た方法を，鑑賞者のために活用している事例を紹介しよう。口絵-8はポンペイの壁画である。古代絵画ゆえに，表面の劣化，経年変化は明らかだが，全体としてはよくイメージが保たれていて，個々の図像も判別しやすい。ところが，ある部分のみ（例えば左肘のあたり）を間近で見れば，別の筆致，機械的とさえ言える線描の存在に気付くはずである（口絵-9）。これは絵画を修復する際，画面の欠損部に施された補彩である。作品保存を第一に考え，オリジナル性を重視するならば，加筆は無用であろう。古代の画面に現代人の筆を紛れ込ませてはならない。しかし，剝落や欠損にばかり鑑賞者の注意が向かうようでは，作品のそもそもの美的特性が，十分に伝わらないかもしれない。加筆の是非を巡るこのようなジレンマを調停すべく，ここでは，離れて見れば全体のイメージに連なり，近づいて見れば，オリジナル部分との区別が可能な線描加筆が行われているのである。この方法は，20世紀，ローマの修復研究所によって，特に盛んに用いられた。

図 5-18　オルセー美術館内観

　鑑賞者の意識を，よりスムーズに作品に向かわせる事例といえば，
パリのオルセー美術館で，2011 年のリニューアルにあわせて行われた
展示空間の改装，壁面の改色も思い出される。印象主義絵画の展示壁
面には，従来，近代美術の展示にふさわしく，白色が用いられていた
が，このときグレーに一新された（図 5-18）。背景が均一に明度，彩度
を下げた分，相対的に作品画面の明度，彩度が高く感じられるように
なる。これによって，印象主義絵画の特徴である，混色を避けた色彩
の輝きが，一層際立つことになった。

7. おわりに

　美術と錯覚の関わりは，20 世紀に入ると，知覚心理学の知見を積極
的に援用しつつ，ますます多様化していく。絵画について言えば，マ
ウリッツ・エッシャー（1898〜1972）が手がけた一連の不可能図形（図
5-19）や地・図の反転イメージ，ヴィクトル・ヴァザルリ（1906〜97）
やブリジット・ライリー（1931〜）らによるオプティカル・アートがそ

　の好例であろう（口絵-10）。あるいは，影，遠近法のような，西洋絵画の写実を支えるシステムを半ば物質化することで，虚実のあわいを呈示する，高松次郎（1936～98）のような作家も登場した。

　さらに，近年のインスタレーション（空間造形）の中にも，錯覚と関わる重要な作例が認められる。ジェームズ・タレルの《Blue Planet Sky》(2004　金沢21世紀美術館蔵）は，簡単に言えば，天井の抜けたア

図 5-19　マウリッツ・エッシャー《滝》(1961)

トリウム風の空間である
が，そこでは壁面と開口部
の境界を精密にデザイン・
施工することで，外光の微
細な変化に，壁面の縁，す
なわち天空に掲げられたフ
レームがすみやかに反応す
る仕組みが実現している。
その空，フレーム両方の色
調の，繊細な変容と対比に
よって，仰視する鑑賞者
は，果てしなく高みへと抜
ける空の青を見たかと思え

図 5-20　ハン・ファン・メーヘレン《エマ
オのキリスト》(1937　ロッテルダム，ボイ
マンス・ファン・ベーニンゲン美術館)

ば，フレームの手前へとせり出してくる温かな色面に包まれる。フレ
ーム内の一律の空虚に，距離の錯覚が生じる。そのことが，この作品
の魅力の中心である。

　本章では美術における多様な錯覚を紹介してきたが，振り返ってみ
れば，個々の技法や事例のみならず，錯覚に満ちた美術を価値あるも
のとして受け入れること自体，広義の錯覚と言ってもよいのかもしれ
ない。この錯覚は，時に作品の高騰や，がん作の流通といった社会問
題をも引き起こす。たとえば，希代のがん作者，ハン・ファン・メー
ヘレン（1889〜1947）がつくった「フェルメール」作品は，美術史のミ
ッシングリンクを埋める傑作として，「発見」当初より批評家やコレク
ターの関心を大いに集め，結果，高額で公的な美術館に購入されるこ
とになった（図5-20）。受け手の期待（確証バイアス）を読みとったメ
ーヘレンの巧妙な詐術と言えばそれまでだが，美術作品の評価と流通

の仕組みに潜む錯覚を考えるうえで，きわめて興味深い事例であろう。

　いずれにせよ，美術という「錯覚」が，私たちの文化を多様な角度から鍛え，豊かにしているのは紛れもない事実である。プラトンにならって，これを真理や実在から離れる錯誤とみなす必要は，やはり，なさそうである。引き続き錯覚をよく学び，よく知ることで，美術の楽しさ，楽しみ方を広げていくこととしよう。

■学習課題

1．たとえば，レオナルド・ダ・ヴィンチの《モナリザ》には，どのような錯覚が働いているか，考えてみよう。
2．身近な美術館を訪れて，さまざまな錯覚を見つけてみよう。

引用・参考文献

ダニエル・アラス（著），宮下志朗（訳）(2002)．なにも見ていない　名画をめぐる六つの冒険　白水社

カスティリオーネ（著），清水純一ほか（訳）(1987)．カスティリオーネ宮廷人　東海大学出版会

ゴンブリッチ，E. H.（著）瀬戸慶久（訳）(1979)．芸術と幻影　岩崎美術社

アル・ケッセル（著），板根厳夫（訳）(2008)．錯視芸術の巨匠たち　創元社

プリニウス（著），中野定雄・中野里美・中野美代（訳）(1986)．プリニウスの博物誌Ⅲ　雄山閣出版

ヴァザーリ（著），平川祐弘ほか（訳）(1982)．ルネサンス画人伝　白水社

高橋達史・森田義之（編）(1993)．バロックの闇と光　講談社

谷川渥（1999)．図説 だまし絵—もうひとつの美術史　河出書房新社

種村季弘・赤瀬川原平・高柳篤（2001)．図説 アイ・トリック　河出書房新社

6 | 記憶の錯覚　人の記憶は確実なのか

齊藤　智

《**目標＆ポイント**》　経験した出来事や重要な知識を必要な時に思い出すことができず，当惑した経験は誰にでもあるだろう。しかし，思い出された記憶の内容が間違っていることに気づくことはほとんどないかもしれない。記憶に関する本当にやっかいな問題は，自分自身が正しいと信じている記憶の内容が，歪んでいたり，時にはまったく間違っていたりすることがあるというところにある。間違った記憶を正しいものと信じてしまう「記憶の錯覚」は，どのようにして起こり，どのような帰結を私たちの生活にもたらすのだろうか。こうした「記憶の錯覚」を手がかりに，人間の記憶の仕組みと特徴について考えてみよう。この章では，まず，記憶のインプランテーション（implantation；植え付け）に焦点を当て，その方法と特徴，そしてその仕組みについて検討する（第1節）。続いて，いくつかの記憶現象を紹介しながら，人間の記憶の仕組みと特徴を考えていく（第2節）。最後に，記憶インプランテーションによって，物事に対する人の好みや態度，そして行動が変化してしまうことを示した最近の研究を紹介し，記憶に基づいて行われる社会活動に対して，記憶の錯覚が持つインパクトについて考察する（第3節）。
《**キーワード**》　フォールスメモリ，記憶インプランテーション，ソース・モニタリング

1. 記憶インプランテーション

（1）記憶を植え付ける？

「トータル・リコール」という映画をご存知だろうか。1990年にアーノルド・シュワルツェネッガー主演で上映され，2012年には，コリ

ン・ファレル主演のリメイク版が製作された。オリジナルとリメイク版では，設定に若干の違いはあるものの，どちらの版でも，主人公が，ある出来事をきっかけに，自分の記憶が本物ではなく植え付けられたものであることを知るという点がストーリー展開の軸となっている。オリジナル版では，最終的に主人公は，記憶を植え付けられる前の自分の姿を，録画された映像で見るが，それは彼とは全く異なる考えと人格を持つ，嫌な人物を映し出していた。多くの人は，これは未来を描いたフィクションで，記憶を植え付けたり，そのことによって人格を変えることなどできはしないだろうと思っているだろう。しかし，今，これらは全くの夢物語ではなくなり，ある側面については現実のものとなってきている。

（2）記憶インプランテーションの方法と特徴

　1994 年 10 月 5 日付けのニューズウィーク（日本語版，p.62-63）に「『偽りの記憶』のメカニズム」という記事が掲載された。この冒頭に，ワシントン大学で行われた驚くべき実験が紹介されている。14 歳の少年，クリスは，5 歳のころにショッピングセンターで迷子になったときのことを思い出すように兄に言われた。最初はそのような出来事を思い出すことができなかったクリスだが，数週間後には迷子になったときのことを鮮明に，そして詳細に思い出すことができた。衝撃的なのは，クリスはそんな経験はしていない，ということだ。つまり，クリスは，ショッピングセンターで迷子になったという**フォールスメモリ**（false memory; 偽りの記憶）を「植え付けられた」のである。

　ハイマンら（Hyman et al., 1995）は，こうした**記憶インプランテーション**を，周到な準備のもと，もう少し大規模に行った。まず，大学生の両親に手紙を送り，その大学生が 2 歳から 10 歳の間に経験した出来

事を尋ねた（たとえば，病院に連れて行かれた経験や家族旅行の経験
など）。実験参加者の大学生には，こうして集められた実際に経験され
た出来事と一緒に，実際には起こっていない出来事について，あたか
も実際に起こったことのように質問し，面接で報告してもらった。3回
の面接の結果，実際に経験した出来事は，当然のことながら，毎回，
多く報告された。これに対して，実際には起こっていない出来事（た
とえば，子どものとき，家族の友人の結婚披露宴で走り回り，誤って
テーブルの上のパンチボールの中身をこぼして，花嫁の両親にかけて
しまったことなど）は，初回の面接では「思い出される」ことはなか
ったが，2回目，3回目と回を重ねるごとに，「思い出した」人数が増え
ていったのである（図6-1）。

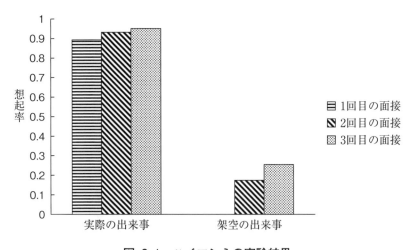

図 6-1　ハイマンらの実験結果

　右半分の棒グラフのデータは，実際には経験していない出来事（架空
の出来事）を「思い出す」人数の割合が，面接を繰り返すたびに増え
ていくことを示している。

　さらに，次の研究では，実験参加者が尋ねられた出来事を思い出すことができない場合に，その出来事をイメージして面接者に報告するように求めると，3回目の面接では，約40パーセントの参加者が経験していない出来事を事実として報告するようになることが見い出された（Hyman & Pentland, 1996）。また，この記憶インプランテーションは，個人の視覚的イメージの能力（イメージを鮮明に思い浮かべることができるかどうか）によっても影響を受けることが報告されている（Hyman & Billings, 1998）。鮮明な視覚的イメージの持ち主は，記憶を植え付けられてしまう傾向が強かったのである。

（3）記憶インプランテーションの仕組み

　以上のように，ある出来事を幼少期に経験したというフォールスメモリを，大人に植え付けることができることがわかってきた。そして，視覚的イメージの鮮明さがそのインプランテーションの成否に関わっているようだ。このことは，記憶インプランテーションのメカニズムについての考察を可能にする。一般に，私たちが実際に経験した出来事の記憶は，想像しただけのものよりも鮮明である。その鮮明さを利用することで，現実の出来事と想像しただけの出来事の記憶を区別することができる。リアリティ・モニタリング（reality monitoring; Johnson & Raye, 1981）とは，このように，現実に起こったことと想像上の（あるいは夢の）出来事を区別する心の働きで，**ソース・モニタリング**（source monitoring）の一種である。鮮明なイメージが，現実に起こった出来事の証しであるとすると，繰り返し想像を膨らませ，鮮明な視覚的イメージをもとに形成してしまったフォールスメモリは，現実のものとして受け入れられやすくなるのかもしれない（Schacter, 2001）。また，先のフォールスメモリの例にあるような，「結婚披露宴での粗相」

は，そのようなハプニングのなかった現実の結婚披露宴の記憶を利用することで，鮮明なイメージを得ると考えられる。つまり，フォールスメモリは，時間的，空間的に異なる文脈で起こった現実の出来事の断片から構成されているのかもしれない。人間は，出来事の内容の記憶よりも，情報源に関する，時間的，空間的な文脈を忘れやすい。その結果，現実の断片から生成されたフォールスメモリを現実のものとして受け入れてしまうのであろう。

2. 記憶の仕組みと記憶の錯覚

（1）記憶の仕組みと忘却

　ここで，記憶の仕組みについて簡単に説明しておこう。記憶とは，記銘（memorization），保持（retention），想起（remembering）という3つの段階から成る心の働きである。記銘とは，外界の情報を，保持できるように変換して取り込むことで，符号化（encoding）とも呼ばれる。記銘／符号化された情報は，必要な時点で取り出されるまで蓄えられている必要があるが，こうして情報を保管しておく働きを保持，または貯蔵（storage）と呼ぶ。こうして保持／貯蔵された情報が利用されるためには，これを取り出す必要があり，この過程を，想起，あるいは検索（retrieval）と呼んでいる（図6-2）。

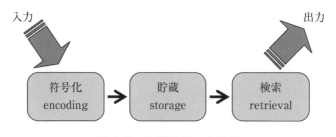

図 6-2　記憶の3つの段階

　私たちが日常的に経験する忘却（forgetting）とは，符号化された情報が後に検索できなくなってしまうという現象である。ここにはさまざまな要因が関わっているが，大きく分けると，2 つのタイプの忘却がある。1 つは，当該の情報が失われてしまったことによって思い出すことのできない状態となっている，貯蔵の失敗が原因とされる忘却，もう 1 つは，検索過程そのものの問題で，情報が貯蔵されているのにもかかわらず検索できないことによる忘却である。前者は情報の利用可能性（availability）の低下あるいは消滅によるもので，後者はアクセス可能性（accessibility）の低下あるいは消滅による忘却であるとも言える（Gregg, 1986）。

（2）記憶の仕組みとフォールスメモリ

　間違った記憶を正しいものと信じてしまうという現象は，記憶の錯覚の一種だが，この現象のもととなる間違った記憶，すなわちフォールスメモリは，どのような記憶の仕組みによって生まれるのだろうか。このことを考えるため，冒頭で紹介した記憶インプランテーションの実験とはやや異なる方法で，フォールスメモリを実験室内で作り出すことに成功した研究を紹介する。

　フォールスメモリとは，先の例にあるとおり，実際には経験していない出来事があたかも存在したかのように想起されてしまう現象だが，これをもっと簡単な心理学実験で示すことができる。DRM パラダイム（Deese-Roediger-McDermott paradigm）と呼ばれるこの方法では，たとえば，「鳩，戦争，広島，世界，愛，憲法，のどか」などの十数個からなる単語リストの単語を 1 つずつ呈示する。実験参加者は，これらの単語（記銘単語）がリスト内に呈示されたことを覚えておき，すべての単語が呈示されたあとに，できるだけたくさん思い出し，再生する。

このとき、「平和」という呈示されなかった単語が、高い確率で誤って想起されるのである（宮地・山，2002）。このリストの場合、呈示された記銘単語は、「平和」と意味的に関連しているものばかりであり、それぞれの記銘単語が呈示されるたびに、実験参加者が「平和」という言葉を思い浮かべている可能性がある。つまり、「鳩」，「戦争」という単語の符号化時に、実験参加者は、「平和」という単語を間接的に経験しており、この間接的な経験（符号化）が十数回繰り返されることで、現実的な記憶として貯蔵、検索されるのかもしれない。また、そうして間接的に経験した単語と、実際に呈示された単語の情報源が区別できなくなるということも、呈示されていない単語を再生してしまうというフォールスメモリの原因の一つであると考えられる（高橋，2002を参照）。

（3）フォールスメモリと他の記憶現象

　フォールスメモリは、スキーマ（scheme）による記憶の変容（Bartlett, 1932）や、目撃者の証言における誤情報効果（misinformation effect; Loftus, 1979）といった、記憶の内容の変容やゆがみと類似のものとして捉えることができる。スキーマとは、経験によって形成されてきた知識の構造、あるいは認知的枠組みのことであり、これを用いることで私たちの認知システムは膨大な情報を負荷なく処理することができる。その効率性と引き換えに、スキーマに一致しない情報は、忘却されたり、スキーマに適合するようにゆがめられることが多い。誤情報効果とは、経験した出来事の記憶が、あとから接触する間違った情報によって影響を受けてしまうという現象である。主として、事件の目撃証言に関する研究の文脈で取り上げられてきた。

　ここまで紹介してきたフォールスメモリについて言えば、DRMパラ

ダイムにおいては，知識の影響が大きいことから，スキーマによる記憶の変容と類似している。また，ハイマンらの研究で観察されたフォールスメモリは，経験していない出来事について，経験したという誤った情報を（経験したと想定されるよりもあとに）与えることで作り上げられたということを考えると，誤情報効果による記憶の変容と類似している。しかし，フォールスメモリには，単なる記憶のゆがみとは言い難い，なかったものをあったと想起してしまうような劇的な変容があり，また，その想起に対して強い確信を持つという大きな特徴がある（高橋, 2002）。つまり，フォールスメモリという現象には，知識や誤情報による記憶のゆがみや変容といった側面と，その記憶を想起する際にそれが現実のものであると信じてしまう意識レベルの問題が関わっている。そして，この意識レベルでの信念が，記憶の錯覚の本質であるのかもしれない。

　以下では，その記憶の錯覚が私たちの生活にどのような影響を与えるのかについて考えてみる。

3. 記憶の錯覚は何をもたらすのか？

（1）記憶インプランテーションの影響

　先に紹介したように，すでにいくつかの研究が，記憶インプランテーションに成功している。もちろん，どのような記憶でも植え付けられるというわけではない。バーンスタインら（Bernstein et al., 2005）の研究では，大学生に「イチゴアイスクリームを食べたあとに病気になった」という出来事を 10 歳までに経験したと信じ込ませることはできたが，「チョコレートチップクッキーを食べて具合が悪くなった」という経験を信じ込ませることはできなかった。後者のほうは，日常的に頻繁に食べている定番のお菓子で，偽りの情報に引きずられることは

なかったのである。しかし，実際には経験していない幼少期の（ある種の）出来事の記憶を，成人に植え付けることができることは確認されていると言えよう。

　そのようにして植え付けられたフォールスメモリの存在が，その人の生活に，短期的であれ，長期的であれ，影響を及ぼすのだろうか。

　ロフタスのグループによる最近の報告からは，フォールスメモリは日常生活に影響力を持つという結論が導かれている（詳しくは Bernstein & Loftus, 2009 を参照）。たとえば，「イチゴアイスクリームを食べた後に病気になった」ことがあると信じた実験協力者は，イチゴアイスクリームを好む程度を低下させた。また，「卵サラダを食べて具合が悪くなった」という経験があると伝えられた実験参加者は，実験の直後に実際に供された5種類のサンドイッチの中で，卵サラダサンドの消費量が統制群と比べ少なかった（図6-3，左半分を参照）。さらに，「卵サラダを食べて具合が悪くなった」と信じていた実験参加者（実験群A）は，これを信じていなかった実験参加者（実験群B）や統制群の実験参加者と比べ，4か月後でも卵サラダサンドを食べる量が少なかったのである（図6-3，右を参照）。

　このように，ある食べ物に対してネガティブな経験をしたという幼児期の記憶を植え付けることで，比較的長期にわたってその食べ物の消費量が低下することが示された。さらに，最近の研究では，青年期の記憶を植え付けることも可能であることが示されている。マントナキスら（Mantonakis et al., 2013）は，実験参加者に，20歳までの出来事として，白ワインを飲んだ経験の記憶を植え付けた。ある参加者には，白ワインを飲んでとても気に入ったという経験を，別の参加者には，白ワインを飲んで気分が悪くなったという経験を暗示し，さまざまな調査に回答してもらった後で，実際に白ワインを提供した。その結果，

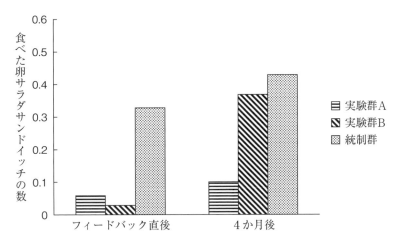

図 6-3 ジェラートら（Geraerts et al., 2008）の実験結果

左半分のデータは，偽りの事実についてのフィードバックを受けた直後，右半分のデータは4か月後の卵サラダサンドの消費数。統制群は偽りのフィードバックを受けていない。実験群 A は，フィードバックを信じた参加者，実験群 B は信じなかった参加者のグループ。実験群 A では，直後でも4か月度でも，卵サラダサンドの消費が少ない。なお，サンドイッチを食べない参加者もいるため，食べたサンドイッチの数は平均すると1以下になる。

ワインを気に入ったという記憶を受け付けられ，それを信じた参加者は，信じなかった参加者や，暗示を受けなかった統制群の参加者と比べ，与えられたワインの消費量が多かったのである。一方，ワインを飲んで気分が悪くなったと暗示された参加者では，若干，消費量が少なくなったものの，統計的に有意な減少は示さなかった（図6-4参照）。

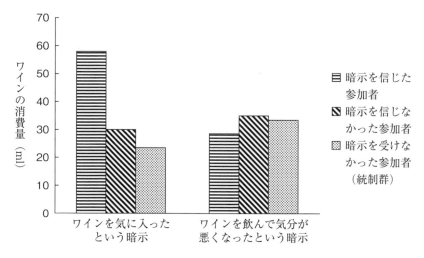

図 6-4　マントナキスら（Mantonakis et al., 2013）の実験結果
左の図は，ワインを気に入ったという経験を暗示された参加者とその
統制群のデータ，右の図は，ワインを飲んで気分が悪くなったという
経験を暗示された参加者とその統制群のデータを示している。縦軸
は，提供されたワイン（上限は90ml）のうち，どれだけの量を飲んだ
のかを示している。ワインを気に入ったという経験を暗示され，それ
を信じた参加者は，ワインを多く消費した。

（2）まとめ

　限られた題材ではあるが，記憶の錯覚を，記憶インプランテーショ
ンによって引き起こすことができることを見てきた。一連の研究は，
私たちの記憶がとてももろく，変化しやすいものであることを示すと
ともに，一方で，誤った情報によって変化しない部分もあることも教
えてくれた。また，形成されたフォールスメモリは，私たちの好みや
態度，そして行動に対して影響を与えることも証明されてきている。
これらの事実は，フォールスメモリが，私たちの好み，態度，行動に

影響を与えうるということのみを示しているのではない。私たちの，物事に対する，好み，態度，行動が，私たちの（正しいもの，誤ったものを含めた）記憶によって左右されていることを物語っている。

引用文献

Bartlett, F. C.（1932）. *Remembering: A study in experimental and social psychology*. London: Cambridge University Press.（バートレット, F. C.（著），宇津木保・辻正三（訳）(1983). 想起の心理学　誠信書房）

Bernstein, D. M., Laney, C., Morris, E. K., & Loftus, E. F.（2005）. False beliefs about fattening foods can have healthy consequences. *Proceedings of the National Academy of Sciences, U.S.A., 102*（39）. 13724-13731.

Bernstein, D. M., & Loftus, E. F.（2009）. The consequences of false memories for food preferences and choices. *Perspectives on Psychological Science, 4*, 135-139.

Gregg, V. H.（1986）. Introduction to human memory. Routledge & Kegan Paul Limited.（グレッグ, V. H.（著），梅本堯夫（監修），高橋雅延・川口敦生・菅眞佐子（訳)(1989). ヒューマンメモリ　サイエンス社）

Hyman Jr, I. E., & Billings, F. J.（2008）. Individual differences and the creation of false childhood memories. *Memory, 6*（1），37-41.

Hyman, Jr., I. E., Husband, T. H., & Billings, F. J.（1995）. False memories of childhood experiences. *Applied Cognitive Psychology, 9*, 181-197.

Hyman Jr, I. E., & Pentland, J.（1996）. The Role of mental imagery in the creation of false childhood memories. *Journal of Memory and Language, 117*（35），101-117.

Johnson, M.K., & Raye, C L.（1981）. Reality monitoring. *Psychological Review, 88,* 67-85.

Laney, C., Morris, E. K., Bernstein, D. M., Wakefield, B. M., & Loftus, E. F.（2008）. Asparagus, a love story: Healthier eating could be just a false memory away. *Experimental Psychology, 55*（5），291-300.

Loftus, E. F.（1979）. *Eyewitness testimony*. Cambridge: Harvard University Press.

（ロフタス，E. F.（著），西本武彦（訳）(1987)．目撃者の証言　誠信書房）

宮地弥生・山祐嗣（2002）．高い確率で虚記憶を生成する DRM パラダイムのための日本語リストの作成．基礎心理学研究　21, 21-26.

Mantonakis, A., Wudarzewski, A., Bernstein, D. M., Clifasefi, S. L., & Loftus, E. F. (2013). False beliefs can shape current consumption. *Psychology*, 4 (3), 302 308.

Schacter, D. L. (2001). *The seven sins of memory: How the mind forgets and remembers*. Boston: Houghton Mifflin.（シャクター D. L.（著），春日井晶子（訳）(2002)．なぜ「あれ」が思い出せなくなるのか　日本経済新聞社）

高橋雅延（2002）．DRM パラダイムを使ったフォールスメモリ研究の現状と展望 I-符号化変数，材料変数を操作した研究-聖心女子大学論叢, *98*, 135-172.

7 | 思考の錯覚と認知バイアス

菊池　聡

《**目標＆ポイント**》　客観的に明白な証拠をもとに自信をもって公平な判断を下したつもりであっても，それが単なる「思い違い」だったという経験は，誰にもあるかもしれない。そして，それが間違いだと指摘されても，自分自身の思い込みはなかなか修正されない。本章で取り上げる「錯誤相関」は，そうした経験から生じる認知の錯覚の典型例である。しかもこの錯覚は，強力な認知バイアスの影響を受けて，確信を深めながら成長していくことがある。その結果，さまざまな非合理的な誤信や迷信が生み出されるのである。このように人が正しい思考から逸脱していく過程をみると，あたかも人の知性に欠陥があるかのように感じられるかもしれない。しかし，見方を変えれば人が高度に適応的な認知システムを持っているからこそ，こうした錯覚が起こるとも考えられるのである。

　本章では，この錯覚の過程を，実際の迷信の発生と成長過程から捉えてみよう。

《**キーワード**》　錯誤相関，迷信的思考，確証バイアス

1.「体験」が生み出す思い違い

（1）誰でも体験から物事を学ぶ

　私たちは，2つの出来事XとYが連続して起こる事態を経験すると，そのXとYの間に関連性があることを認知する。これは，一種の学習能力のなせる業だ。たとえば，春になる（X）と，やたらくしゃみが出る（Y）ようになると，そこには関係があることが学習されるだろう。このように2つの出来事がともに変化し，そこから両者の関連性を認

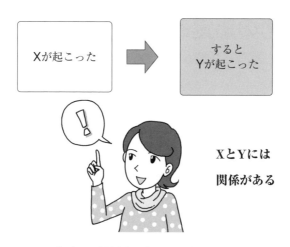

図 7-1　体験から関係性を学習する素朴な推論パターン

識することは共変性の認知と呼ばれる。特に学習心理学では，行動の結果として環境に起こる変化を学習することを行動随伴性の学習と呼ぶ。たとえば，子どもが母親の手伝いをしたら（X），小遣いをもらった（Y）という経験をすると，子どもは手伝えば小遣いをもらえることを学習する。宿題をサボったら（X），叱られた（Y）という経験もしかりである。この随伴性の学習は，心理学の教科書では「パブロフの犬」の実験でも知られているように，多くの生体に共通している。水族館のイルカなら，ジャンプしたら（X），エサをもらえた（Y）というように，動物に芸を教えるときにしばしば利用される。学習心理学の実験にネズミやハトが使われるのは，この学習の仕組みが共通しているからである。出来事の共変性（随伴性）を経験し，そこから新たな知識が帰納的に学習されるパターンは，身の回りの世界の因果関係を理解し，知識を増やすうえで非常に重要なプロセスである。

（2）「関連がある」と決定できる条件は？

　ただし，あくまでも論理的に考えれば，単純に2つの出来事が連続したことだけを根拠に関連性があると判断した場合，その判断は正しいとは限らない。前後関係のみから，そこに因果関係を見いだすことは前後即因果の誤謬（post hoc 錯誤）と呼ばれる論理的誤りである。それは「1回限りではわからない」という話ではなく，たとえ数多く両者の共生起事例が経験されたとしても，それだけでは因果関係を認める十分条件にはならないのである。

　考えてみれば当たり前だが，手伝いをしたら小遣いをもらったという数多くの経験から，因果関係が導かれるのは，「手伝いをしないときは，小遣いはもらえない」ことが前提になければならない。もし，手伝いをしないときでも，同じように小遣いをもらえるのであれば，両者の関連性を考える根拠はなくなってしまう。

　すなわち，2つの出来事が見かけ上連続して発生したとしても，その間にある関連性を観察された事実から正しく判断するためには，図7-2のようにすべてのケースをカバーした2×2の4分割表（クロス集計表）を作る必要がある。そして，この表をもとに，それぞれのケースがどれだけあるかを検討しなければならない。

　たとえば，手伝いをしたときに小遣いをもらえる確率（A/（A＋B））

	Yあり	Yなし
Xあり	A	B
Xなし	C	D

随伴性の指標

$$\Delta P = \frac{A}{A+B} - \frac{C}{C+D}$$

図 7-2　4分割表と関連性を表す指標

と，しないときにもらえる確率（C/(C＋D)）の間の差ΔPが大きければ，両者には関連がある可能性が高くなる。もし，両者の確率が同じでΔP＝0であれば，これらの出来事の間には少なくともデータから認められる関連性はないことになる。

このような比較から関連性を捉える考え方は，「一致と差異の併用法」と呼ばれる古典的な因果関係の推定法に対応するもので，日常的な随伴性の判断を慎重に行おうとするならば，この方略（ΔP方略）を選択するのが合理的であることに気付くだろう。また，これは2つの質的変数の関連性を統計的に分析する技法の基本でもある。ここで重要なのは，関連性を正しく判断するためには，両者が連続して「起こった」セル（マス）だけではなく，Xが起こっていない比較対照条件を合わせて，すべてのセルを考慮する必要があるという点なのである。

その一方で，私たちの直感的，経験的な判断は，このΔPのような論理的な規準をもとに下されないことも知られている。つまり，私たちは，出来事がともに起こっている共生起事例（A）のみに注意をひかれてしまいほかのセルがどうなっているのかをあまり考えずに関連性を判断してしまう傾向があるのだ。このような随伴性判断の方略はセルA方略とも呼ばれる。

この偏った情報の利用のために，実際には無関係な出来事の間に関連性を感じとってしまったり，もしくは弱い関連性しかないのに，強い関連があるかのように思い込んだりしてしまうことがある。このような関連性の錯覚は，**錯誤相関**もしくは**幻相関**（illusory correlation）と呼ばれ，私たちの日常的な関連性推論の中に，数多く発生しているのである。

（3）雨乞いの科学

錯誤相関が生み出す**迷信的思考**の例として「雨乞い」を考えてみよう。

「雨乞いをすると雨が降る」という誤信念は，世界中の農業文明の至るところにある。むろん宗教的な儀式としての性格もあるのだろうが，その起源には「雨乞いをしたら，本当に雨が降った」という経験があったのではないか。

もし，雨乞いの有効性を科学的に確認したければ，次のような実験が考えられる。すなわち，十分な日数を実験期間とし，1日1回サイコロを振って，その偶数奇数によってその日に雨乞いをするかどうかを決定する。これを期間中繰り返して降雨を記録すれば，図7-3のような4分割表のデータが得られる。そのうえで前述のように4つのセルの日数を調べて，関連性を計算すれば，誤差の範囲内で「雨乞いに効果はない」と判断できるだろう。

しかし，人は日常生活の中で，こうした系統的な比較をなかなか行うことはできない。すべてのデータを入手するのは容易でなく，現実的には不可能である場合も多い。また，たとえ十分にデータを得たとしても，素朴な観察や人の直観は，すべての頻度を公平に見比べるよ

	降雨あり	降雨なし
雨乞いあり	A	B
雨乞いなし	C	D

図 7-3　雨乞いと降雨の関係性が読み取れるのは，どこか。

	X あり	X なし
Y あり	80	20
Y なし	40	10

全く共変なし
$\Delta P = 0$

	X あり	X なし
Y あり	60	40
Y なし	20	30

多少共変あり
$\Delta P = 0.2$

	X あり	X なし
Y あり	100	0
Y なし	0	50

完全な共変
$\Delta P = 1$

図 7-4　参考例・2つの出来事の関連性はΔPで表される。この図のように，セルの中のケース数が変わると共変の強さが変わる。しかし，この最上段のデータではXとYに全く関連性はないのに，一見すると関係があるように錯覚してしまう。

うには働かない。人の注意は「雨乞いをしたら雨が降った」Aのケースに向けられ，その他のケースは日常的な出来事であるがゆえに，ほとんど注意が向けられないのである。その結果，私たちの日常経験には，雨乞いをしたら雨が降ったという事例のみが強く記銘され，その記憶にもとづいて不適切な雨乞いの効果判断が下されることになる。

　こうして私たちは，実際には存在しない関係性であっても，客観的な観察をもとに「発見」してしまうのである。しかも，雨乞いをしたら本当に雨が降った，という体験が根拠になっているために，そこには強いリアリティーが生じるのだ。

（4）身近で起こる錯誤相関

　あなたの周囲に「雨男」や「雨女」と呼ばれるような人はいないだろうか？　あの人が来ると大抵雨が降るといった個人的な迷信である。

これは，本当にその人が来たら雨が降ったという事実が印象的で記憶に残るために説得力がある。また，賭け事や勝負事の好きな方なら，試合やギャンブルに勝ったときの経験がもとになるジンクスには心当たりがあるだろう。これも，大抵の場合は，無関連のものに関連性を感じ取ってしまう錯誤相関の例であり，一種の**迷信的思考**である。

　また，錯誤相関は多くの人々に先入観や固定観念を形作ったり，一方的でステレオタイプ的な見方を促してしまうこともある。その結果として人種差別や偏見のような社会的問題を深刻化させるという観点からも研究が行われている。図7-5のように，大集団より小集団は目立ち，犯罪行為も目立つために，そこに錯誤相関が生じやすい。そのため，人種少数派（マイノリティー）が犯罪を犯すと両者に関連性があるように感じられるのである（Hamilton & Gifford, 1976 など）。

　日本においても，少年による不可解な凶悪犯罪が報じられることで，最近はキレる若者が増えていると錯覚してしまう人もいる。しかし，統計データを見てみれば，昔に比べても，諸外国に比べても，日本の青少年の凶悪犯罪はきわめて少ない。これも，比較すべき情報に目を向けず，目立つ特徴的な例（特にマスコミ報道）のみが認知されて起こる錯誤相関の例である（第8章で利用可能性ヒューリスティックとして再度取り上げる）。

	小集団	大集団
犯罪	目立つ	
犯罪ではない		

図 7-5　目立つ者同士の錯誤相関

（5）錯誤相関はなぜ生じるのか

　結果として迷信や偏見を生じるからといって，錯誤相関につながるような思考の働きを，人の認知の欠陥としてのみ捉えるべきではない。こうした錯覚が発生する背景には，限られた経験から効率的に学習や推論を進める認知システムの働きがある。日常的な判断の中では，実際にすべての比較データを考慮することは非常に困難であり，限られた特徴的な情報のみから素早く結論を引き出す簡便的な思考方略をとるほうが有利に働く。それでもおおよそ実用的に問題のない判断を短時間のうちに下せるというのが，「認知の節約家」としての人の能力の優れたところだ。しかし，その能力を持つがゆえに，現実には存在しない関連性であっても認識してしまうのである。

2. 期待と体験によって強化される「思い違い」

（1）2-4-6問題

　関係性の錯覚を強化する認知的なバイアスを考えてみよう。

　あなたは，次のような問題の答えを考える実験に参加したとする。

問題

　3つの正の整数を並べた数列を，仮に「3つ組み数」と呼ぶ。たとえば「2・4・6」のようなものが3つ組み数である。

　この3つ組み数は，数字の並びに関するあるルールに従って作られている。そのルールは出題者しか知らない。あなたは，できるだけ早くそのルールを見つけ出さなければならない。

　そのためにあなたは，3つ組み数を自由に作り，それがルールに従っているか，出題者に質問することができる。出題者は，ルールに従っていれば，イエスと答え，ルールに合って

いなければノーと答える。これを繰り返せば，イエス・ノーを手がかりにルールを推測することができるだろう。

では，あなたは最初に「2・4・6はルールに合っているか？」と聞いたとする。

出題者は「イエス，合っている」と答えた。

あなたは，次にどんな3つ組み数を作って，出題者に質問するだろうか。

イギリスのウエインソンが行ったこの実験（Wason, 1960）では，こうした質問を繰り返しながら，やがて正しい答えに至る様子が観察された。そして，その質問パターンには認知の偏りが顕著に現れていた。

たとえば「ルールは偶数」ではないかと予想した実験参加者は，「8・10・12」を尋ねてきた。同じく「ルールは1つおきの整数」と考えると「1・3・5」を尋ねてきた。いずれもイエスが返ってくるので，ルールが正しいという確信が深まるが，ルールはどちらでもない。正解は「増加する数列」であるために，なかなかそこにたどり着くのは難しい。ただ，この問題のポイントは正解を出すことではなく，その過程で人はどんな仮説検証の方法をとるかにある。

自分の仮説を確かめるためには，確証と反証の大きく2つの方法がある。確証は，自分の考えが正しければ，イエスが返ってくると考えて，仮説の正事例を試みる方法。反証とは，自分の考えが正しければノーが返ってくると考えて負事例を試みる方法である。

ほとんどの実験参加者は，確証方略をとり，偶数という仮説を立てた場合は，偶数の3つ組み数を質問するといったように，自分が正しければイエスが返ってくるはずの3つ組み数を質問した。しかし，正解のルールがこれを包含する「増加する数列」であるため，こうした

質問にはいずれもイエスが返ってきてしまう。この問題のような包含構造のあるルールを見つけようとした場合，確証方略ではなかなか決定することはできない。偶数という仮説を立てたら，奇数を聞いてノーを確認して仮説を追い詰めたほうが，この場合はより効率的に正解を推測することができるが，そうした方略が最初からとられることはほとんどなかった。

　この実験で示されたのは，私たちは，自分の期待や予測，仮説に合致した情報（確証）を求めたり注意を向けたりするが，期待に反した情報（反証）にはほとんど注意を向けない傾向を持つことである。

（2）確証バイアスの働き

　確証バイアス（confirmation bias）とは，人が現在持っている信念，理論，仮説を支持し，確証する情報を求め，反証となる証拠の収集を避ける基本傾向である。

　簡単に言えば「よく当たる占い師いるんだってね」という話に対しては，「どれくらい当たるの？」という聞き方はするだろうが，「どれくらいはずれるの？」という聞き方をする人は，ごくまれということだ。

　ただし，エバンス（Evans, 1989）の見解では，この 2-4-6 問題でみられた傾向性は，確証しようとか避けようといった動機づけを反映しているのではなく，反証情報の利用に失敗したことの反映だという（エバンスは，これを肯定性バイアスと呼んでいるが，ここではその違いには踏み込まない）。

　この確証バイアスは，私たちの認知でみられる諸バイアスの中でも，基本的で影響力の強いものの一つである。これと類似した働きをもつバイアスは，研究分野によっては確証傾向や一貫性傾向と呼ばれることもあり，知覚や記憶，推論のさまざまな場面で現れる。

　たとえば，第 2 章で学んだ知覚のトップダウン的な働きを思い出し
てみよう。私たちの知覚システムは，受動的情報を処理するのではな
く，予期をもって対象を確認，解釈するという能動的な過程を備えて
いた。第 2 章 29 ページの図を最初に見たときは何が描かれているかわ
からなかったのに，対象を予期して見ると見えるようになった。これ
は，あいまいな模様を確証的に解釈し，また複数の解釈の中から予期
に合致した対象のみを選択した結果，視知覚体験が成立したのである。

　記憶システムで働く確証傾向は，判断のもとになる材料にバイアス
をかけ，結果として思考の錯覚へとつながる。たとえば，ダーリーと
グロスの古典的な研究では，ある子どもの日常的な遊びや学校生活の
様子の映像を見て，その子どもの学力を判断させる課題を行った（Dar-
ley & Gross, 1983）。その際に，実験操作によって，その子どもは高学力
だと予期させる群と，低学力だと予期させる群を設定した。その結果 2
群とも同じ映像を見たにもかかわらず，高学力予期群は，その子が教
室で快活に正解を出して褒められるような場面をよく記憶し，逆に低
学力予期群は失敗した場面をよく記憶していた。そのために，予期に
沿った学力評定がなされたのである。同じく，コーエンの実験では，
ある女性の日常生活を撮影した映像を見て，後にその女性の特徴を想
起させる課題を行った（Cohen, 1981）。2 群の実験参加者には，女性の
職業について異なる予期（ウエイトレス，司書）が与えられた結果，
その予期に一致した特徴がより多く想起されていた。

　こうした予期の確証実験は，ステレオタイプ的なものの見方や，あ
る種の社会集団に対する偏見などが，確証情報によって強化されるこ
とを示しているのである。

（3） 確証バイアスの意味

　確証バイアスは，確かに誤った判断につながることもあるが，本来は複雑な情報を効率的に処理するために欠かせない適応的なバイアスでもある。たとえば，図7-6は文脈効果として知られる図である。上の3文字はABCと読めるし，下は12 13 14と，すんなりと読めるだろう。だが，どちらも中央の文字は，よく見ると全く同じであることに気がつく。であれば，目に入った視覚像をそのまま正確に見たとすると，これは，どう読むべきなのか決定できないはずなのだ。

　しかし，このような場合でも私たちは前後の文字から中央の文字について予期を形成することができる。だからこそ，その予期に従って一つの読みを無意識のうちに自動的に決定できるのである。

　このように確証バイアスは私たちの身の回りの，質的には多義的で量的に数知れないさまざまな対象の中から，効率的に意味のある情報を読み取って処理するという欠くべからざる働きをする。仮に何の予期も持たずに世界を見たとすると，私たちは解釈不能に陥って途方に暮れてしまうに違いない。

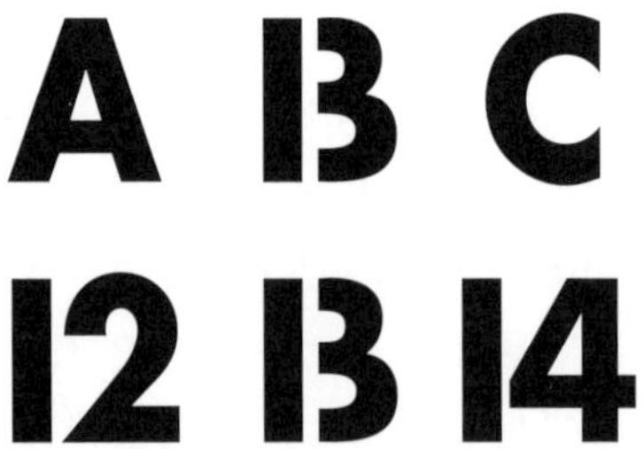

A B C
12 B 14

図 7-6　文字認識における文脈効果

3. 錯誤相関と確証バイアスの連携ループ

（1）誤信迷信は成長する

　錯誤相関の発生は，目立つデータや事例が強く認識されて生じる点で，一種のボトムアップ過程的な性格がある。一方，確証バイアスは，自分の期待から特定のデータや事例のみに注意を向けさせ，その結果，トップダウン的に錯誤相関を強化する働きをする。

　たとえば115ページの，図7-3の4分割表では，雨乞いの迷信の発生をボトムアップ的処理の結果として説明したが，その過程にはトップダウン的な確証バイアスも働いている。もし「雨乞いには効き目がある」という予期を持った人は，どのセルのデータに注意を向けるだろうか。当然，予期に従って「雨乞いをして—雨が降った日」が最も注意される。そして雨乞いをして雨が降った実例があれば，それは強く記憶に残るはずだ。

　このトップダウン処理とボトムアップ処理の組み合わせは，最初の予期や信念を強化するフィードバックループを生成する（図7-7）。もしも，この最初の予期が，錯誤相関であったり，誤った先入観やステレオタイプによってもたらされたものであったとしても，私たちは現実の証拠の中から自説を支持する証拠を見いだすことで，さらに誤った考えを深めていってしまうのである。

　たとえば，血液型性格判断が多くの日本人に信じられてしまうメカニズムのひとつが，この体験によって強化されるループである。ABO式の血液型を手がかりにしても，人の性格や適性を判断できないことは心理学や医学的知見から明らかにされている。しかし，私たちは「血液型が的中した」というリアリティーのある体験から，誤った信念を深めてしまうのである。たとえば，B型の人は個性的だという予期を

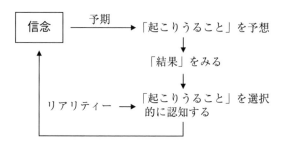

ポジティブ・フィードバック 予期の確証

図 7-7　フィードバックによる信念の強化（池田，1993）

持って身の回りの人を見れば，そうした特徴に一致した人にしばしば遭遇するのは事実であり，特定の予期を持って見れば，あいまいな人の行動は，その予期に沿って解釈されるようになる。

　血液型性格判断だけでなく，さまざまな迷信や誤信をはじめ，社会に深く根づいている偏見やステレオタイプも，確証フィードバックループの中で徐々に強化され成長していくのである。こうした思考プロセスについては，第9章では認知的不協和理論の枠組みから，また第13章では疑似科学的思考として改めて取り上げる。また，こうした閉じたループにとらわれることなく，偏りのない適切な思考を実現するためには，自己の信念に対する反証情報に意識的に注意を向ける習慣が重要になる。これは最終章のメタ認知と批判的思考（クリティカル・シンキング）の中で，再度取り上げることにする。

■学習課題

　あなた自身の日常的な生活の中で，本章で学んだものと同じような錯覚や迷信が起こっていないだろうか。本章で説明した以外の実例を見つけてみよう。そして，そうした錯覚はなぜ生じ，成長していくの

か，本章で説明した概念を適切に使って説明してみよう。

参考文献

ギロビッチ，T.（著），守一雄・守秀子（訳）(1993). 人間この信じやすきもの　誤信迷信はどうして生まれるのか．新曜社（Gilovitch, T.（1991）. *How We Know What Isn't So: The Fallibility of Human Reason in Everyday Life*. The Free Press，（1991）.

菊池聡（1998）. 超常現象をなぜ信じるのか　思い込みを生む体験のあやうさ　講談社

引用文献

Cohen, C. E.（1981）. Person Categories and Social Perception: testing some boundaries of the processing effects of prior knowledge. *Journal of Personality and Social Psychology*, 40, 441-452.

Darley & Gross（1983）. A Hypothesis confirming bias in labeling effects. *Journal of Personality and Social Psychology*, 44, 20-33.

エバンス，J. St. B. T.（著），中島実（訳）(1996). 思考情報処理のバイアス―認知心理学からのアプローチ．信山社出版（Evans, J. St. B. T.（1989）. *Bias in Human reasoning*. Lawrence Eribaum Associates.）

Hamilton, D. L. & Gifford, R. K.(1976). Illusory correlation in interpersonal perception: A cognitive basis of stereotypic judgments. *Journal of Experimental Social Psychology*, 12, 392-407.

池田謙一（1993）. 社会的イメージの心理学　ぼくらのリアリティはどう形成されるか　サイエンス社

Wason, P. C.(1960). On the failure to eliminate hypotheses in a conceptual task. *The Quarterly Journal of Experimental Psychology*, 12, 129-140.

8 | ヒューリスティックと行動経済学

菊池　聡

《**目標＆ポイント**》「バットとボールは合わせて 1,100 円です。バットはボールより 1,000 円高い値段です。ではボールの値段はいくらですか？」

この問いに直観的に答えを求めると，多くの人が（たとえ大学生であっても過半数が）ボールは 100 円だと即答してしまう。しかし，正しく計算してみれば正解は 50 円だ。

この問題は，ダニエル・カーネマンが，直観的思考の性質を研究するために用いた問題の一例である。カーネマンらが明らかにしたのは，さまざまな日常的な思考場面で，人は簡略化した情報処理を行い，結果として特有の判断の誤りを引き起してしまうことである。本章では，これらの研究をたどりながら，前章に続いて日常的な思考の錯覚についての理解を深めていく。私たち自身が無意識のうちに行う思考の特徴を知ることは，失敗や思い違いを防ぐためにおおいに役に立つと考えられる。

《**キーワード**》 ヒューリスティック，代表性ヒューリスティック，利用可能性ヒューリスティック，アンカリングと調整ヒューリスティック，プロスペクト理論

1.　人の直観とヒューリスティック

（1）合理的思考と思考の近道

私たちは日々，さまざまな出来事と出会い，自分なりに考え，次々と何らかの判断を下しながら日常生活を営んでいる。

もちろん，こうした推論過程は必ずしもコンピューターのように正確に行われるわけではない。私たちの日常判断のかなりの部分は経験

則に沿って行われ，厳密な正解にたどり着けなくても，認知システム
に負担をかけずに，素早く，ある程度正しい答えを出すように働いて
いる。

　このような簡略化された近道（知的ショートカット）思考は**ヒュー
リスティック（heuristic）**と呼ばれる。これに対して，論理的に厳密
な手順に従って問題を分析処理し，正しい結論に至るシステマティッ
クな思考は**アルゴリズム（Algorithm）**と呼ばれる。

　前章で扱った二つの事象の関連性判断を例にすれば，4分割表のすべ
てのセルのデータから確率を比較するような系統的な手順をたどるの
がアルゴリズム的な思考である。これに対して，ヒューリスティック
は，一部の特徴的なセルを見て全体の関連を直観的に判断する方略に
相当する。

　私たちがふだんは4分割表のような手間のかかる思考をしないこと
でもわかるように，日常的な判断の多くは簡略化・単純化された方略
に従っている。それでいながら，おおよそ満足可能な結論を導き出せ
るのが認知情報処理の優れた特徴であると言ってよい。しかし，簡略
化した思考は厳密な手続きに従っていないがゆえに，場合によっては
バイアスのかかった処理から不適切な結論を導くことがある。

　そうした錯誤が発生する代表的な場面が，複雑で不確実な状況下で
の意思決定である。意思決定とは，複数の事象の望ましさや起こりや
すさ，リスクなどを順序づけて判断し，適切な行動を選択することを
指す。この過程でヒューリスティックが働くと，結果として合理的な
結論とは異なる意思決定が行われることがある。これは，単に人が確
率やリスクを正しく判断「できない」という現象ではなく，これまで
見てきた錯視と同じく，多くの人に共通した系統的バイアスがかかっ
た結果であり，簡単には修正されにくい性格を持つ。その意味で一種

の認知的錯覚と言うことができる
だろう。

　不確実性下での意思決定で働く
ヒューリスティックと認知バイア
スを実験的手法で研究して，数多
くの優れた成果を生み出したのが，
エイモス・トゥベルスキーとダニ
エル・カーネマンの2人のイスラ
エル出身の心理学者である。彼ら
の 研 究（Tversky & Kahneman,
1974；Tversky & Kahneman, 1982 な
ど）では，ヒューリスティックの特
徴が表れる意思決定課題が数多く

図 8-1　ダニエル・カーネマン
（ノーベル財団 web ページより）

使われていた。本章ではそれらの課題例や，その主旨を生かして改変
した例題をもとに，人の日常的な思考の特徴を考えてみよう。

（2）代表性ヒューリスティック

例題1　A子さんは50歳になって子育ても終わり，最近，学問のおも
しろさに気がついた。若い頃にはあまり勉強しなかった自分を反省す
る思いも強くなり，たまたま出会った心理学の本を読んで以来，学問
の奥の深さに引き込まれている。今後の人生を豊かにするために，も
っとさまざまに学んでみたいと思っている。

　さて，A子さんは，次の①と②のどちらの人物である可能性が高い
と考えられるだろうか。

　① A子さんは病院の受付で働いている。

　② A子さんは放送大学の受講を考えており，現在は病院の受付で働

　いている。

　この問いに対して，多くの人は②と答える。Ａ子さんの特徴を考え
てみると，単に病院で働いているよりも，放送大学で学ぶ人という属
性が，よりふさわしいものと感じられるからだ。このように，その対
象を考える時，カテゴリの典型的特徴との類似性をもとに判断する方
略は**代表性ヒューリスティック**と呼ばれる。

　ここで問われているのは可能性（確率）であり，Ａ子さんが②であ
る可能性は，必ず①である可能性以下になる。「病院の受付」の集合の
中に，「（病院の受付）かつ（放送大学）」の集合は必ず含まれるので，
②の可能性が①を上回ることはありえない。にもかかわらず，私たち
は放送大学を含む②のほうがＡ子さんに関する説明として，「ありがち」
なものだと感じてしまう。これは，確率推論に必要な情報を考慮せず
に，代表性にしたがって判断しようとしているためである。

　確率推論という言い方は難しく聞こえるが，それは生活の中でごく
普通に働く思考の一部にすぎない。私たちは日常的に，それが「どれ
くらいありがち」なのか，どの選択肢のほうが可能性が高いのか，と
いった確率の主観的評価を行い，それをもとにさまざまな判断を下し
ている。

　また，この例題のように，Ａの集合よりも「ＡかつＢ」のほうが具
体的で可能性が高いと判断される現象は，**連言錯誤**と呼ばれる。トゥ
ベルスキーとカーネマンは，こうした問題で，大学生や大学院生でも8
割以上が連言錯誤に陥ることを報告している。この連言錯誤は代表性
にもとづくだけでなく，記述が詳細になるほど，状況の帰結が想像し
やすくなり，その結果，確率が過大評価される**シミュレーション・ヒ
ューリスティック**が働くとも解釈される。

例題2 コインを10回投げて，表が出たか裏が出たかを記録した。表を○，裏を●とすると，次の①と②では，どちらになる確率がどれくらい高いだろうか？　コインは正常だとする。

①　●○●●○○○○●○●

②　○○○○○○○○○○

つい，①のほうがかなり確率が高いように見えてしまう。しかし，計算してみれば①も②も，確率は全く同じ2分の1の10乗（＝1/1,024）になる。

正常なコインなら表裏が混じって出るはずで，こうした事態を代表する典型的な出方というのは①になる。②は投げられたコインの代表性が低い。よって代表性ヒューリスティックに従って①のほうが出やすいと判断される。

この種の錯覚はギャンブルの場で生じやすいので**ギャンブラーズ錯誤**とも呼ばれる。たとえば，サイコロを振って同じ目が何回も続くと，「次こそは違う目になるだろう」と思ってしまいがちだ。しかし，以前に出た目と次に出る目は全く関係ない（独立事象）。人は理屈ではそれをわかっていたとしても，つい「何度も続いたのだから，その反動で，次には同じ目が出にくいだろう」と思ってしまうのである。

例題3 ある町に大小2つの病院がある。大きな病院では毎日約45人の赤ちゃんが生まれ，小さな病院では毎日約15人の赤ちゃんが生まれる。毎日生まれる赤ちゃんの50パーセントが男の子のはずだが，正確な比率は日ごとに変動するので，男の子が多い日も，女の子が多い日もある。

では，1年間を通してみた場合，生まれた赤ちゃんの60パーセント

以上が男の子だったという日がより多かったのは大病院と小病院のどちらだろうか？

① 大病院

② 小病院

③ 2つの病院で同じ

　これまでの研究では，過半数の人が ③「同じ」と答えている。子どもが生まれる時の男女の確率は2分の1というのが典型的な事態なので，代表性ヒューリスティックに従って，病院が大きかろうと小さかろうと男女比は変わらず2分の1だと考えてしまう。ここで考慮されないのが，確率的事象は大数の法則に従うことだ。大数の法則とは，「ある事象が起こる確率はサンプルの数が多くなれば理論上の値に近づく」という数学の原理である。たとえば，コインを投げて表裏が出る確率は2分の1であっても，非常に少ない試行では偏った出方をすることはよくある。しかし，何百回，何千回と試みると，出方は理論値に近づいていく。にもかかわらず，私たちの直観的判断は代表性に従うために，サンプル数に対する感受性が低く，たとえ少数のサンプルであっても理論値が当てはまると考えてしまう。この信念は，数学的な大数の法則に対して**少数の法則**と呼ばれる。

　カーネマンは「小さい標本に対する過剰な信頼は，より一般的な錯覚の一例にすぎない」と述べている。そして「その錯覚とはメッセージの内容に注意を奪われ，その信頼性を示す情報にはあまり注意しないことである。その結果，自分を取り巻く世界を，データが裏づける以上に単純で一貫性のあるものと捉えてしまう」と指摘している（カーネマン，2012）。

例題4　ある成人病にかかる確率は100人に1人である。この病気に罹患しているかどうかを調べるために，集団検診が行われた。この診断では95パーセントの確率で，本当に病気にかかっているかを見分けることができる。すなわち，本当に病気の人であれば95パーセントは「病気あり（陽性）」と診断できるが，5パーセントは見落として「病気なし（陰性）」と誤診断する。逆に，病気にかかっていない健康な人でも5パーセントは誤って「病気あり」と診断してしまう。

　あなたがこの検診を受けたとき，診断結果は「病気あり」であった。あなたが実際に病気にかかっている確率は何パーセントだろうか？

　代表性ヒューリスティックによる確率推論のバイアスは，この問いでも基礎比率（事前確率）の無視という形で現れる。この問いに多くの人は，90パーセント以上か，少なくとも50パーセント以上の値を答えるが，正解は16パーセントという意外に低い値になる。

　診断が「病気あり（陽性）」という結果になったことは，「実際に病気にかかっている」ことをよく代表している（「病気ありが誤診断」は例外的で代表性が低い）。しかし，その典型性との類似度の高さは，確率を正しく推測するために必要な基礎比率情報とは関係ない。

　情報を整理してみよう。「病気あり」の診断が出るのは，本当に病気にかかっていて正しく「あり」と出たケースと，本当は病気ではないのに誤って「あり」と出たケースの2種類がある。前者に該当する人数は，そもそも病気にかかる人数が非常に少ないために，ごく少数しか存在しない。後者は，もとになる健康な人数が多いので，ごく僅かの誤診率でも多くの人が該当することになる。仮に1,000人が検診を受けると考えてみよう。仮定にしたがえば，その中には10人の罹患者がいることになり，正しく「あり」になる罹患者は9.5人と計算できる。

これに対して，健康でありながら誤って「あり」と判定される人は 49.5 人にもなる。ここで問われているのは「病気あり」と診断された人たち（合計 59 人）中の，本当に病気である確率（9.5 人/59 人）であるため，意外と低い結果になるのである。

　こうした偽陽性の問題について，医学教育では「めずらしい病気のよくある症状を疑うより，よくある病気のめずらしい症状を疑う」ことを学ぶという。そして，こうした錯誤は医療に限らず私たちの身近にもしばしば起こりうる問題でもある。

　これらの例題で示したように，私たちは，本来考慮すべき情報を考えずに，代表性にもとづいて確率判断を行う傾向がある。そして，代表性が高ければ高いほど，自分の予測に対して強い自信を抱く。こうした非合理的ともいえる自信過剰傾向は「**妥当性の錯覚**」と呼ばれる。

（3）利用可能性ヒューリスティック

例題5　日本で 1 年間に死亡する人の数を考えたとき，「交通事故や災害などの不慮の事故で亡くなる人」と「肺炎で亡くなる人」では，どちらが多いだろうか？

　この問いに対して「不慮の事故」と考えるとしたら，そこには**利用可能性ヒューリスティック**の影響が考えられる。

　私たちは，物事の頻度や確率を推定する手がかりとして，すぐに思い出せるものはそもそも頻度が高いものと推測する。この例題においても，事故の死亡者は，毎日のように新聞やテレビで報じられているので，その頻度を見積もる際に思い出せる情報が非常に多く存在する。特に大地震や航空機事故といった大事件は，センセーショナルに報道されるだろう。しかし，肺炎で亡くなったケースは，そうした意味で

はあまり情報が出てこない。よって両者を比較する際に，事故死のほうが実例をたくさん思い出せることから，そもそも数が多いと考えてしまうのである（平成29年の厚生労働省統計では，日本人の死因のうち肺炎が7.2%で5位。不慮の事故はその半分以下の3.0パーセントで6位）。

　トゥベルスキーとカーネマンの研究では，「Kで始まる英単語」と「3番目の文字がKになる英単語」ではどちらのほうが多いかを推定させた。すると，実際にはKが3番目のほうが約2倍あるにもかかわらず，多くの人がKで始まる単語のほうが多いと答えている。ここに利用可能性が働いており，Kで始まる単語は容易に思い出せるために数が多いと推定したと考えられる。

　とはいえ，実際に頻度が高い出来事は想起しやすいのは確かなので，こうした手がかりが適切に働くこともある。しかし，単に頻繁に報道された，最近起こった，感情を強く刺激された，想像しやすい，思い出しやすい，といった出来事は，それだけで実際の頻度と関係なく利用可能性が高くなることに注意しなければならない。

　前章の錯誤相関の例で説明したように，日本の若者の凶悪犯罪が増えているという錯覚には，この利用可能性ヒューリスティックも働いている。日本の若者の凶悪犯罪はきわめて少なくなっているにもかかわらず，犯罪や犯罪被害が盛んに報道されるようになった。そのため，思い起こせる犯罪の実例にもとづいて推測すると，あたかも現在の若者が荒れているかのように思えてしまう。

　逆に，自分には想像もつかない出来事の確率を低く見積もるというリスク認知の偏りも，こうした原因で起こる。2011年以前には大規模な原発事故は日本では想像できないという理由で，リスクが低く見積もられていたのはご存じのとおりだ。

（4）アンカリングと調整のヒューリスティック

例題6　子どもが大好きなテレビ番組「仮面ライダー」シリーズは，昭和46年の1号ライダー以来，たくさんのライダーが登場してきた。では，歴代の仮面ライダーを全部集めると，30人より多いだろうか，それとも少ないだろうか？　また何人ぐらいいると思うか？

　この問いに対しては，大抵の人はカンで答えざるを得ない。そのため，この問いには「多い」と答える人も「少ない」と答える人もいるだろう。そして「何人ぐらいいると思いますか」と聞かれると，その推定値はおそらく30人前後の数に答えが集まると考えられる。

　一方で，今度は別の人たちに「歴代の仮面ライダーは50人より多いと思いますか，少ないと思いますか」と同じように聞いてみたとする。すると，やはり正確な数はわからないにせよ，その推定値は平均して50人前後となるだろう（実際に何人いるかは，番組によって仮面ライダーの定義や人数の数え方が異なるので，明確な答えは難しい）。

　この例題から，私たちの推論では，明確な手がかりが無い限り，与えられた基準点を手がかりとして使うことがわかる。この方略は**アンカリングと調整のヒューリスティック**と呼ばれる。アンカリング（係留・投びょう）とは，船がいかりを下ろして自分の位置を固定することで，私たちの推論も，まずは基準となる点を定めてから，諸情報を考慮して調整を行うのである。したがって，最終的な推定値は，最初のアンカリング・ポイントに強い影響を受けてしまう。

　トゥベルスキーとカーネマンの研究では，70年代当時，国連加盟国に占めるアフリカの国家の割合を尋ねた。そして，最初に10パーセントを基準として与えられた場合の推定値は約25パーセントだったのに対し，65パーセントを与えられた場合の推定値は約45パーセントだっ

たと報告されている。しかも，この最初のパーセントはルーレットで出た意味のない数値だとわかっていたのに，それでも回答者は影響を受けたのである。

　このヒューリスティックに従った判断は，身近にしばしば見られる。たとえば，パソコンを買おうとしたとき，まず20万円と言われた後，10万円に値引きしましょうと言われると，最初から10万円と言われた場合よりもはるかにお買い得だと思い込んでしまう。また，スーパーマーケット店頭の商品に「お一人さま，4個限り」という限定をかけると4個を買う人が圧倒的に多くなるが，限定をしないと買う個数はバラバラになるという研究もある（Wansink, Kent, Hoch, 1998）。

　私たちが，第一印象に左右されやすいことや，現在の状況を維持することを好み変化を嫌う**現状維持バイアス**も，確証バイアスの働きや後述する損失回避性に加えて，こうしたアンカリングと調整ヒューリスティックの影響があると考えられている。

（5）ヒューリスティックをいかに理解すべきか

　トゥベルスキーとカーネマンをはじめ多くの認知心理学者たちは，上述のような数々の問題を多くの人に問いかけ，その回答を手がかりに，人の直観的な判断で生じる錯覚を明らかにしてきた。

　そして，幅広い領域の多様な研究者の研究成果から，私たちの情報処理過程はシステム1とシステム2の二つの段階的な過程でとらえることが有効であることが明らかにされ，これは二重過程モデルと呼ばれるようになった。この二重過程モデルによると意思決定に限らずさまざまな認知情報処理において，まず無意識のうちに迅速に自動的に働くシステム1の直観的過程が働き，その後で意識的に時間をかけてシステマティックに処理するシステム2の情報処理過程が働くと考え

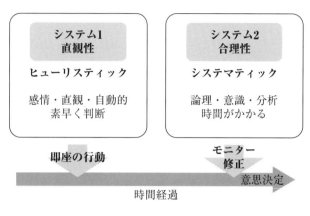

図 8-2　認知情報処理の二重過程モデル

る（図8-2）。そしてシステム1のヒューリスティックな過程でさまざまな錯誤や錯覚が生じやすくなる。

　ただ，こうしたヒューリスティックが引き起こす錯誤という観点から，人の直観の非合理性を強調するのはバランスを欠いた見方である。ヒューリスティックをはじめとした人の直観的推論は，限られた能力と時間の中で限定合理的に働き，その状況内である程度満足できるような意思決定を下せる点に，優れた特質があると考えられる。

　たとえばギーゲレンツァー（2010など）は，ヒューリスティックのような簡潔で素早い思考が現実の生活で通用するある程度の正確さを持つことを重視している。そして，カーネマンらの研究は，ことさら人の知性が錯覚を生じやすい状況に偏った課題になっていると主張した。たとえば，本章で紹介したような誤りを引き起こすような課題でも，パーセントではなく，なじみ深い頻度で表現されれば，正しい判断を促進できるとした。そして，人が持つ経験則的な高速・倹約ヒューリスティックが日常場面では有効に働くことを実験的に示している。

こうした論点は，現在も盛んに議論・研究されているが，トゥベルスキーとカーネマンらの研究は，意思決定に関する認知心理学的研究に長足の進歩をもたらしたのは確かである。その諸研究は，他の学問分野にも及び，特に経済学に大きな影響を与え，後述のように行動経済学という新しい分野の発展に大いに寄与した。その成果から，カーネマンは2002年にノーベル経済学賞を受賞している（トゥベルスキーは1996年没）。

2. 行動経済学とプロスペクト理論

（1）経済活動における合理的な思考

経済学の理論は，人が価値に対して合理的な判断ができるということを前提に組み立てられてきた。合理的な人であれば，判断には一貫性があって矛盾はなく，同じ製品であれば価格の安いほうを選び，くじを引くなら期待値[*1]の大きい選択肢を選び，損得を考えない行動はとらない。一人ひとりをとれば，多少非合理的な行動があったとしても，それは一種の揺らぎであって，全体として人は合理性に従うものと仮定されてきた。

こうした従来の経済理論の代表である**期待効用理論**では，個人にとっての価値を効用と呼び，その効用の期待値を期待効用と呼ぶ。そして，得られる期待効用が最大になる選択肢を選ぶのが合理的な意思決定だと考えられていた。

[*1] 期待値とは，起こりうる値の平均値のことであり，ある事象が起こる確率とその時に得られる値の積（の合計）で定義される。この期待値が大きい方が選ぶ方が合理的な判断であるといえる。たとえば同じ確率（1/100）で，クジAでは100万円が当たり，クジBでは1万円が当たるとすれば，Aの期待値は100万円×1/100＝1万円，Bの期待値は1万円×1/100＝百円なので，他の条件が同じならば期待値の大きいAを引く方が合理的な選択である。また，賞金が10万円で同じ場合，クジCで当たる確率が1/10，クジDでは当たる確率が1/1,000ならば，Cを選ぶ方が期待値は大きいことになる。

　しかし，現実の意思決定は，そうした規範的なモデルには，必ずしも従わないことが，さまざまな研究結果から明らかにされてきた。私たちの判断は，選択肢の期待効用を比較して合理的に行われるわけではなく，また価値と価格の明確な対応関係には従わない場合もしばしばある。たとえば，同じ対象の選好判断であったとしても，状況によっては合理性を欠いた選好の逆転が起こるのである。

（2）プロスペクト理論と価値関数

　カーネマンとトゥベルスキーが提案した**プロスペクト理論**（Kahneman & Tversky, 1979）は，一見すると非合理的にみえる人の意思決定を的確に記述する枠組みを提供した。

　プロスペクト理論では，人は絶対的な価値にもとづいて判断するのではなく，特定の参照点を基準に利得か損失かに分けて異なる評価をすると考える。この理論を表現したのが，図8-3の価値関数である。参照点を基準として縦軸は主観的な価値（効用）を表し，横軸は右方向が客観的な利得で左方向が損失を示す。

　この曲線からわかるように，利益や損失の絶対値が小さいうちは主観的な価値は大きく変動するが，絶対値が大きくなると変化を感じにくくなる。この傾向性は**感応度逓減**と呼ばれる（期待効用理論では限界効用逓減と呼ばれる）。1,000円の食品が500円引きになると非常にお得感があるが，100万円の自動車を買うのに500円引きになっても，ほとんど意味は感じられないだろう。

　また，期待効用理論と異なるのは曲線が左右非対称に表現されていることである。右側の利得領域では，利得が増えても価値がなだらかにしか増えないのに，左側で損失が増えると価値は急激に落ち込み，これが人の**損失回避性**を説明している。つまり，同じ額の利益と損失

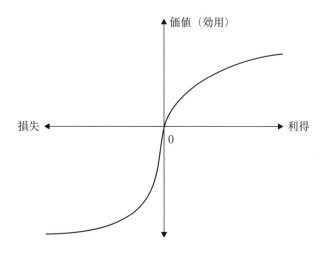

図 8-3　プロスペクト理論の価値関数

であれば，人は損失を過大評価して，それを避けようとする傾向を持っている。言いかえると，損失は，それよりかなり多い額の利得（2〜2.5 倍）ではじめて釣り合いがとれる。この損失回避性は，一度手に入れたものを高く評価して変更しようとしない**保有効果**や，前述の現状維持バイアスにつながるものである。

　プロスペクト理論の価値関数にみられる**リスク態度の非対称性（鏡映効果）**と**参照点依存性**については，次の例題を参考に考えてみる。

例題 7　次の問 1，2 のそれぞれで，あなたはどちらの選択肢を選ぶだろうか？
問 1　あなたが応募した奨学金が 100 万円支給されることが内定した。ただし，オプションとして次の 2 つのどちらかを選択しなければならない。

A　50パーセントの確率でさらに100万円が加算されるが，50パーセントの確率で何も加算されない。

B　確実に50万円加算される。

問2　あなたが応募した奨学金が200万円支給されることが内定した。ただし，オプションとして次の2つのどちらかを選択しなければならない。

C　50パーセントの確率で100万円減額されるが，50パーセントの確率で減額されない。

D　確実に50万円減額される。

　諸研究の結果，問1はどちらも最終的に手に入る期待値は同じ150万円だが，確実なBが選ばれやすい。問2も期待値は同じ150万円だが，ギャンブル的なCが選ばれる傾向がある。

　まず，ここからわかるのは，利得領域では人は確実性を好みリスクを嫌うのに，損失領域ではリスクに対する許容度が拡大してリスク追求的になる非対称性がみられることだ。言いかえると，人は利益を確定したがるが損失は確定したがらない。これは感応度逓減が反映されたもので，利得領域で曲線が上に凸であることが嫌リスクを表している。

　さらに2つの問いの比較でわかる特徴は，対象の価値は参照点からの増減で測られ，絶対値によらないことを示す参照点依存性である。考えてみれば，この問1も問2も，結果としてどちらも期待値150万の奨学金が支給されるという意味で，利益は全く同額である。人が金額と価値について合理的な判断をすればその価値に差が生じるはずはない。しかし問1では当初の100万が参照点になり50万円増えることになる。一方，問2で得た150万は，200万から減額された金額であ

り，そこから私たちが感じる価値は明らかに異なっている。そして問1
では，100万円が参照点となって加算される利得領域で理解されるため
にリスク回避的になり，一方で問2では損失と捉えられてリスク志向
的になりやすいのである

　このように，客観的な価値，価格が同じであっても，それが損失か
利得か，どんな枠組み（フレーム）で表現されるかによって，私たち
の選好が変わってしまう現象は**フレーミング効果**と呼ばれる。錯覚と
いう観点で言うならば，これが日常的な価値の錯覚を呼ぶものだ。

　たとえば「現金特価で割引します」と言われるとお買い得のように
聞こえるが，同じことを「クレジットカード手数料いただきます」と
表現すると，商品の魅力がなくなってしまう。同じように，セール品
を「半分も売れ残っています」と言うのと，「もう半分も売れてしまいま
した」という表現では，アピール力がかなり違うことがわかるだろう。

（3）確率の重みづけ

　プロスペクト理論では，確率の受け取り方は，客観的な確率そのも
のではなく，その値によって異なる重みづけがかかると考え，その対
応の様子を**決定加重関数**で表している。累積プロスペクト理論によっ
てモデル化された決定加重関数（図8-4）では，グラフが逆S字型にな
っている（Tversky & Kahneman, 1992）。この形は確率が低い領域では
上に盛り上がっていることから，小さい確率が大きく重みづけられて
いることがわかる。逆に中程度以上に確率が高い場合は，確率が過小
評価されることを示す。両者が一致するのは約0.35とされている。

　この関数が示しているのは，私たちは客観的な確率がきわめて低い
ことに対しては，それを過大評価してしまうことだ。たとえば，飛行
機事故や予防接種の事故，可能性がきわめて低い感染症といったもの

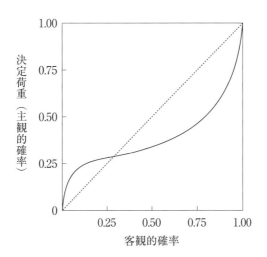

図 8-4　決定加重関数

　X 軸が客観的確率なのに対して，Y 軸が私たちが感じる主観的
確率に対応する。初期のプロスペクト理論（1979）では，この
図と違って J 字型が提唱されていた。

に対してリスクを過大に見積もって強い不安にとらわれてしまう。ま
た，宝くじが当たる確率も非常に低いのに，実際以上に当たるかもし
れないという期待を抱いてしまうのである。

■学習課題

1．自分がこれまでに体験した「思い違い」にはどんなヒューリスティ
　ックが働いていただろうか。本章の例をもとに，具体的に自分の体験
　を分析してみよう。

2．日本人が不慮の事故で亡くなる原因として，①交通事故，②転倒・
　転落，③溺死，④窒息，⑤煙や火災　⑥中毒などがある。これらの原
　因を多い順に並べると，どのような順序になるとあなたは考えるだろ

うか。実際に並べたあとで，表8-1の厚生労働省の統計と比較してみ
よう。あなたの推定にはどのようなヒューリスティックが働いていた
だろうか。

参考文献

カーネマン，D.（著），村井章子（訳）(2012). ファスト＆スロー　上下巻　早川書房
（Kahneman, D.（2011）. *Thinking, Fast & Slow*. Macmillan.）

友野典男（2006). 行動経済学　経済は「感情」で動いている　光文社

奥田秀宇（2008). 意思決定心理学への招待　サイエンス社

引用文献

ギーゲレンツァー，ゲルト（2010). 小松淳子（訳）なぜ直感の方がうまく行くのか　インターシフト（Gigerenzer, G.（2007）.*Gut feelings: Intelligence of the Unconscious*. New York: Viking Press).

Kahneman, D., & Tversky, A.,（1979）.Prospect Theory: An Analysis of Decision under Risk. *Econometrica, 47*, 263-291.

Tversky, A., & Kahneman, D.（1974）. Judgment under uncertainty: Heuristics and biases. *Science, 185*, 1124-1131.

Tversky, A., & Kahneman, D.（1982）. Judgments of and by representativeness. In D. Kahneman, P. Slovic, & A. Tversy,（Eds.）, *Judgment under uncertainty: Heuristics and biases*. Cambridge University Press. pp.84-98.

Tversky, A., & Kahneman, D.,（1992）. Advances in Prospect Theory: Cumulative Representation of Uncertainty. *Journal of Risk and Uncertainty, 5*, 297-323.

Wansink, Braian., Kent, R., & Hoch, J（1998）. An anchoring and adjustment model of purchase quantity decisions, *Journal of Marketing Research, 35*, 71-81.

表 8-1　平成 29 年　不慮の事故による死者数（厚生労働省人口動態調査）

交通事故	5004	窒息	9193
転倒・転落・墜落	9673	煙・火災	963
溺死・溺水	8163	中毒	598（人）

9 自己の一貫性と正当化が引き起こす錯覚

菊池　聡

《**目標＆ポイント**》　本章では思考の錯覚への理解を深めるために錯覚の科学の歴史をさかのぼって，一つの古典的な理論を巡る諸研究を取り上げる。アメリカの社会心理学者レオン・フェスティンガーが提唱した認知的不協和理論は，一貫性への動機づけが，私たちの認知や行動を変容させることを体系的に説明した理論として，後の心理学の発展に多大な影響を与えたことで知られている。その応用範囲は，身近な思い込みからマインドコントロール技術に至るまで非常に広い。これらは，従来，錯覚という枠組みで考えられてこなかったが，本章では認知的不協和と自己正当化を巡る諸研究に触れ，無意識のうちに働く動機づけが，さまざまな思い違いにつながるプロセスを考えてみよう。
《**キーワード**》　認知的不協和理論，入会儀礼効果，カルト・マインドコントロール，フット・イン・ザ・ドア・テクニック

1. 一貫性を求める心が生み出す錯覚　心理的な慣性の法則

（1）認知的不協和が人に与える影響

　社会心理学者レオン・フェスティンガー（1919-1989）は，人の信念や行動の変化を広範囲に説明する**認知的不協和理論（cognitive dissonance theory）**を提唱した。その基本的枠組みは，人の心の中に，相いれない複数の認知要素（知識や信念，態度，行動など）が生じると，

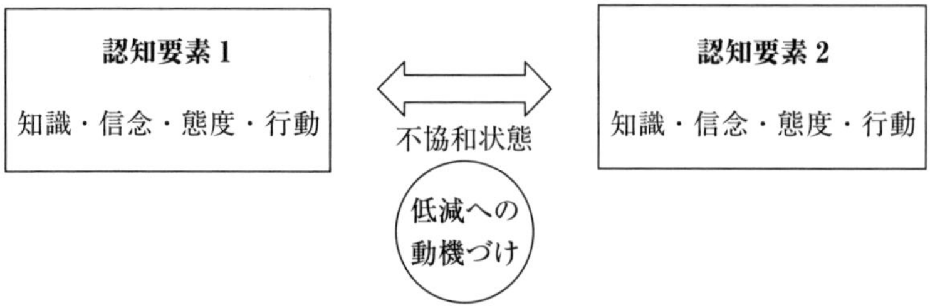

```
┌─────────────────────┐                      ┌─────────────────────┐
│      認知要素 1       │   ◄──────────►      │      認知要素 2       │
│  知識・信念・態度・行動  │     不協和状態       │  知識・信念・態度・行動  │
└─────────────────────┘                      └─────────────────────┘
                              ╱──────╲
                             │ 低減への │
                             │ 動機づけ │
                              ╲──────╱
```

図 9-1　認知的不協和理論の基本的な考え方

そこには不快な緊張状態（不協和）が引き起こされ、人はそれを低減するように動機づけられるというものである（図9-1）。

　この理論をわかりやすく表しているのがイソップ寓話の「すっぱいぶどう」の話である。

　ある日、おなかを空かせたキツネはおいしそうなブドウの実がなっているのを見つけた。取ろうとしたが枝が高くて届かない。何度も飛び上がってもダメだった。キツネはブドウを食べることをあきらめた。そして「あのブドウはすっぱいに違いない」とつぶやいてその場を去って行った。

　このキツネの行動と認知の変化に認知的不協和の作用がよく現れている。キツネには認知要素1「ブドウを食べたい」があった。しかし、これは認知要素2「努力しても食べることが不可能」と不協和を引き起こした。努力しても自分は無力だという現実はキツネの自尊心をひどく傷つける。そこでキツネはこの矛盾を解消させるため「ぶどうはすっぱい」と考えるようになった。しかも、キツネは自覚的に「すっぱいと考えれば、葛藤を感じなくてもよい」と考えたわけではなく、無

意識のうちに歪んだ解釈に至ったのだろう。このプロセスこそが不協和による思考バイアスのひとつの例である。認知的不協和理論自体は錯覚の理論ではないが，こうしたバイアスが無意識のうちに生じ，その結果，判断や意思決定がある程度予測可能な方向に歪んでしまう点で一種の思考の錯覚が引き起こされるのである。

（2）不十分な正当化実験

　認知的不協和理論の発展のきっかけとなったフェスティンガーとカールスミス（1959）による強制応諾に関する実験を説明し，不協和解消への動機づけが意外な態度変化につながるメカニズムを紹介しよう。

　この実験に参加した大学生たちは，まず60分にわたってごく退屈でつまらない作業が課せられた。その作業が終了した後，「次の実験参加のために待っている参加者がいるので，実験はおもしろいという予期を抱くように，その人にあなたの経験を説明してほしい」と依頼された。この実験の目的は作業に及ぼす予期の効果を調べるものだったことが明かされ，本来は実験者側で説明するところだが，説明役が都合が悪くなってしまい，代役としての説明を依頼されたのである。

　実験参加者はそれを受け入れて，待機している女子学生（実はサクラ）に，実験がとてもおもしろかったという説明をして，女子学生はそれを信じて実験室に赴いてみせた。実際にはかなりつまらない作業だったので，これはウソをついたことになる。そして，この実験では，ウソの説明をするための報酬が高額の20ドル条件と，低額の1ドル条件，および説明をしない統制条件があった。

　このあと，実験参加者たちは，最初に取り組んだ課題がおもしろかったか，科学的に重要だと思うか，などの印象を別室で問われ，この評定値が分析の対象となった。

表 9-1　フェスティンガーとカールスミスの実験結果

不本意な説明をすることを応諾した実験参加者は，低
報酬条件で課題の価値を高く評価した。

	1 ドル条件	20 ドル条件	統制条件
課題の おもしろさ	1.35	− 0.05	− 0.45
実験への 再参加希望	1.20	− 0.25	− 0.62
科学的 重要性	6.45	5.18	5.60

数値が大きいほど評価の程度が大きい。
範囲：上 2 段 − 5〜0〜+ 5，下段は 1〜10

　各条件の結果から，1 ドル条件の実験参加者たちは課題のおもしろさ
や，重要性などを，他の条件よりも高く評定したことが示された（表
9-1）。つまり報酬が低いほうが退屈な作業をおもしろく，価値のあるも
のと感じる，という一種の認知的錯覚が引き起こされたのである。こ
れは，一般の常識や，当時の主流であった行動主義心理学の考え方に
反するインパクトのある結果であった。

　この実験結果を認知的不協和理論は次のように説明する。まず課題
はつまらなかったという認知と，心ならずもウソの説明をしてしまっ
たという認知は，実験参加者に不協和状態を引き起こした。人はこの
状態を不快に感じ，低減しようと動機づけられる。だが，ウソをつい
たという行動は取り消すことはできない。であれば，もう片方の，退
屈だったという印象が変わることで，この不協和は低減されるのであ
る。ただし，20 ドルの高額報酬を得たということは，実験のためにウ
ソの説明をしてもやむをえなかったものとして行為を正当化すること
ができる。そのため，高報酬条件では印象を変化させなくても不協和

は低減できた。一方で，低額の報酬では，ウソをついたことが正当化できなかった。そのために印象の変化が強く起こったのである。

　この不十分な報酬による正当化の研究からは，私たちが，報酬のないボランティア活動に誇りをもって取り組むことができる理由や，内発的な動機づけが報酬を得るとかえって損なわれてしまう理由の一端がうかがえる。

（3）認知的不協和理論の枠組み

　認知的不協和理論は，一見すると意外に思える態度や行動をシンプルかつ統一的に理解し，予測できる斬新な理論として一躍脚光を浴び，広く知られることとなった。

　認知的不協和理論によれば，不協和を低減するために，「認知要素の変更」，「新しい協和的な要素の付加」，「要素の重要性の操作」といった方略が無意識のうちにとられることになる。

　この方略を，よく使われる「タバコ」と「肺ガン」の例で説明しよう。愛煙家にとって「タバコが肺ガンの原因」という知識は当然不協和を引き起こす。これを低減するために最も好ましいのは「タバコをやめる」という片方の認知要素の変更だ。ただ，これは簡単ではない。その場合は，もう片方の「タバコが肺ガンの原因」という脅威をなんとか始末しなければならない。そのために，タバコ有害論には欠陥があるという情報を探し，逆に害を警告する情報は極力避けるといった偏った情報探索を行ったり，「排気ガスのほうがはるかに危険だろう」と考えたりすることで要素の重要性を操作する。さらには「愛煙家でとても長生きをしている人がいる」といった新しい要素の付加も行われる。不協和状態にある人が，このような特徴的な情報探索や評価を行うことは，繰り返し観察されてきた。また，フェスティンガーは，

具体的な方略として，知覚のゆがみを含む認知的歪曲を挙げている。たとえば，喫煙者の過半数は，自分は「適度な」喫煙者であって吸い過ぎていないという主観的な解釈を行う。「適度な」という表現が，あいまいで多義性を持つことが，こうした歪曲を可能にするのだ。

　こうした過程は，ほぼ意識せずに自動的に行われ，葛藤は巧みに取り除かれ，喫煙が正当化されて協和的な状況が形成されるのである。

　また，こうした不協和を解消しようとする無意識の動機づけが高まるのは，単に認知要素間に矛盾が生じているだけでなく，どちらかの要素に自己が深く関わり（コミットメント）を持っており，そのために自己評価に強い脅威がもたらされる場合だと考えられている（日本人の場合にはそこに興味深い事情がある点は後述）。

（4）予言が外れるとき

　フェスティンガーが認知的不協和理論を確立するうえで重要なきっかけになったのは，終末予言が外れたカルト教団についての研究であった（邦訳：フェスティンガー，シャクター，リーケン，1995）。

　人類の終末がまもなく訪れ，選ばれた人のみが救済されることを予言して信者を集めるカルト教団は，歴史上にたびたび現れてきた。ところが，そうした終末予言はいずれの場合も完全に外れてしまっている（ASIOS，菊池，山津，2012参照）。こうした場合，普通なら，信者たちの教祖への信頼は失われ，教団は瓦解すると考えられるだろう。しかし，終末予言が外れると，かえって信者たちの求心力が強まり，信仰と布教の情熱が高まるという現象が数多く確認されてきた。

　この奇妙な現象を研究するため，フェスティンガーらは，当時アメリカで，大洪水による世界の終末と選ばれた者の救済を，具体的な日を挙げて予言していたカルト教団に身分を隠して加入した。そして予

言が外れたことで主要なメンバーたちが布教への情熱を高める過程を身近に確認し，そこに認知的不協和理論の裏付けを見い出したのである。

　フェスティンガーらの観察によると，終末の日以前の信者たちは，信じないものは報いを受けるのだから，信じるものだけが救われればよいという，世間との関わりを避ける態度だったという。やがて信者たちは仕事や家族，人間関係を捨て去り整理して，救済の

図 9-2　レオン・フェスティンガー
(1919 – 1989)

ために教祖のもとに参集した。しかし，迎えた大洪水の日は，周囲の好奇の目以外には何も変わったことはなく過ぎ去ってしまった。ここで，主要メンバーの間では，それまでの秘密主義とは一変した状況が生じた。熱心な信者たちからは脱落者はほとんどなく，布教活動は一気に高揚し，それまで冷たく扱ってきたマスコミに対しても猛烈な布教活動を開始したのである。

　この教団に深くコミットした信者たちにとって，自分がさまざまなものを捨て去ってまで信じたことと，予言が外れたという事実は，非常に強い不協和を引き起こす。自分の行動は取り消すことができないし，それが自分の誤りだったと認めることは自己への著しい脅威であって認めがたい。一方で，予言は完全に外れたという事実は動かすことはできない。このような強い不協和を低減させるため，信者たちは予言の再解釈（要素の変更）など，さまざまな方略を試みた。そこで

顕著に現れたのが熱心な布教を行って自分の信念を支持する信者を獲得するという行動なのである（新たな認知要素の付加）。自分の信念が否定されようとしているときには，できるだけ多くの人を自分の側に巻き込むことが有効である。周囲の人たちすべてが信者になれば，自分の正しさは確信できる。

　これは単に「自分がやったことに引っ込みがつかないので開き直った」という話ではない。現代でも，私たちはカルト教団を外から見て「インチキに見えるのに，なんでこんなに信じられるのか」と考えてしまいがちだ。しかし，ここで働いている心理は，「信じているからこそ，素晴らしい価値がなければならないし，たくさんの支持者がいなければならない」という構造になっているのである。

（5）魅力の錯覚　禁止のパラドックス

　不協和低減の動機づけが印象評価に影響を与える例をみてみよう。

　ある魅力的な行為が禁止され，そのために実際にその行為を行わないとする。そのとき，魅力的だという認知要素と，行為をしないという要素は不協和を生じる。もし，それが厳罰によって禁止されたのであれば，やむをえなかったとして正当化され，不協和は緩和されるはずだ。一方で，それほど禁止は厳しくないのに行為をしなかったとすれば，不協和は低減されない。その場合は，魅力的だという印象のほうが変化するのである。

　アロンソンとカールスミス（1963）では，幼稚園児を5種類のおもちゃで遊ばせて，そのおもちゃの魅力を評定させた。その後に，実験者は，子どもが2番目に魅力的だとしたおもちゃで遊ぶことを禁じて部屋を出た。その禁止には，厳罰条件と弱い禁止条件があった。そして，しばらく子どもを遊ばせた後，実験者は部屋に戻り，再度，おもちゃ

の魅力を評定させたのである。子どもは，いずれの条件でも指示を守って，その禁じられたおもちゃでは遊ばなかった。

　この1度目と2度目の魅力評定値を比較してみると，厳罰条件では，当該おもちゃの魅力は変化しないかかえって高まる傾向があったのに対して，弱い禁止条件では，魅力が減少する場合が多く認められた。つまり弱い禁止をされた子どもたちは，そのおもちゃで遊ばない強い理由はないまま，そのおもちゃで遊んでいないという不協和状態にあった。これを低減するために，おもちゃに対して感じる魅力自体を引き下げてしまったと考えられる。

　本章の最初に説明した研究が「不十分な報酬」の効果を検証したのに対して，これは「不十分な罰」の効果ともいえる。ここからわかるのは，子どものしつけや教育などの場面では，特定の行為を制止させるために厳罰をもってすると自制的な行動が内面化されずに魅力が高いまま維持される可能性が高いことだ。私たちの身近でも，強く禁止されたものほど魅力的に見える現象はしばしばみられる。相手が承諾できる最小限の強さの禁止が最も強い不協和をもたらし，自発的にその行為の魅力が低下していくのである。

（6）いじめはなぜエスカレートするのか

　教育への応用という観点からは，深刻な「いじめ」現象についても不協和の働きを指摘できる。理論から予測できるのは，自分に全く意図はなくとも相手に害を与えてしまったり，害が与えられるのを見過ごしてしまった場合，その相手の魅力は低く感じられるようになることである。

　相手が魅力的だという認知と，自分がはからずも加害者側になったということは不協和を引き起こす。しかし，自分が結果として害を与

えてしまった行為自体は取り消せない。であれば，相手は傷つけられても仕方ない人だったという評価のバイアスを生じさせることによって，不協和は低減されるのである。一貫性への動機づけは，こうして残忍さをも正当化するのである。これは，小中学校で起こるいじめが，直接関係ない生徒を加害者側に巻き込んだうえで，さらにエスカレートする一つの要因を説明している。

2. 正当化を求めて錯覚が起こる

（1）入会儀礼効果

　アロンソンとミルズ（1959）の研究では，相手に取り消せない行動をとらせることで，相手の考え方自体を操作できることを報告している。この実験では，大学で行われるグループ・ディスカッションに自発的に参加を希望した女子学生が対象となった。このディスカッションでは性の心理学をテーマにするために，性の話題を恥ずかしがるなら入会を許可できないという理由で，参加決定前に面接を行うことになった。参加希望者は3群に分けられ，厳しい条件群は，面接者の前でポルノ小説を読み上げることが求められ，中程度の条件群では，性的な単語を読み上げることが求められた。もう1群は統制群として審査なしで参加が許可された。こうして参加することになった女子学生たちは，その後，先輩たちのディスカッションを聞いてその評価を求められた。そのディスカッションは動物の生殖行動についての退屈な内容であり，議論の態度も非常に稚拙なものであった。

　3群の参加者はこの同じディスカッションを聞いたが，その評価には明確な差がみられた。厳しい審査を経ている者は，そうでない者よりも，討論の内容は興味深く，メンバーの魅力は高く，聡明だと評価したのである（図9-3）。

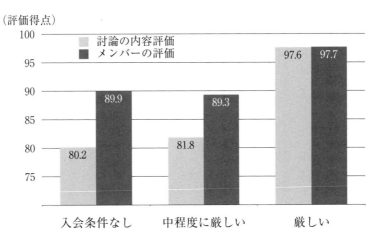

（評価得点）

図 9-3　アロンソンとミルズによる入会儀礼効果の実験

　このように，その対象と関わるために厳しい経験を経た者が，その対象を高くゆがめて評価したり，愛着を抱いたりしてしまう現象は，**入会儀礼効果**とも呼ばれる。学習心理学では，不快なことや苦痛とともに経験した対象は回避されるというのが基本的な考え方であったが，認知的不協和理論はそれが当てはまらないことを示唆している。

　この実験の場合，入会にあたって耐え難い苦痛を被ったという要素と，その後の内容がつまらないという要素は，強い不協和を生じる。しかし自分が人前でとった行動は取り消すことができない。そのために，対象についての認識をよいほうへゆがめ，悪い部分は見ないようにする，という正当化の方略がとられる。その結果，厳しい儀礼を自発的に通過すればするほど，対象はすばらしいものと錯覚されるのである。

（2）行動との一貫性を利用したマインドコントロール

入会儀礼効果は，いわゆる**カルト・マインドコントロール**で効果的に利用される。たとえば一部のカルト宗教では，入信する際に親兄弟と絶縁したり，自発的に財産を放棄して出家するように仕向けたり，また街頭で布教したり物品を販売させるなどの辛い経験が課せられる。こうした取り消せない行動をしてしまうと，教義に疑問を持つことは自分自身の愚かさを認めることになってしまう。結局，その集団は，それだけの犠牲を払うに足るすばらしいものだという認知によってこそ自分の行動は正当化されるようになるのだ。ここで，不協和を高める重要な要素は，その行動が自分の意志によって自発的に行われること（もしくはそう思い込むこと）や，その選択の結果，他人を巻き込むなど深い関与をしてしまうことなどである。

マインドコントロール技術と呼ばれるのは，考え方や態度を人為的に変容させる技術の総称である。物理的な手段に訴える洗脳とは違って，ソフトな心理的手法を用いて，徐々に考え方を変えていく。これは，カルト集団にみられるように，本人が気がつかないうちに悪意の目的で使用されれば，社会生活や健康な精神を破壊するものである。しかし，これらの技術自体が「悪」というわけではない。たとえば自分の悪癖を変えたり，動機づけを高めたりする目的で，自分自身をコントロールすることもできる。優れたセールスマンは，人の心をつかむマインドコントロールの達人でもある（むろん，それは悪質商法とも共通するが）。

説得の技法としてセールス場面などで応用される**フット・イン・ザ・ドア・テクニック**も，一貫性への動機づけと認知的不協和を応用したものだ。これは，まず顧客に対して，ごく小さな要請を行ってそれが受け入れられると，次に承諾しにくい大きな要求をしても，それ

が受け入れられやすくなるという手法である。

　フリードマンとフレイザーの実験（1966）では，家庭の主婦を対象に，通常ならば受け入れがたい要請（数名がかりで家の中を調べる）を行った。事前にコンタクトをとらなかったり，単に挨拶だけをした条件では，3割ほどの対象者しかこの要請に応じなかった。しかし，事前に簡単な質問調査に答えてもらう，という小さな要請を受け入れてもらうと，半数の実験参加者が大きな要請も受け入れたのである。たとえ小さいものでも，一度相手の要請に応じたという事実は，要請には応じたくないという抵抗感と不協和を生じるからだ。この一貫性を保持する動機づけによって，普通ならば承諾の得られないような要請でも，受け入れやすくなるのである。

　同様の手法としてロー・ボール・テクニックがある。これも，セールスなどでまず安価で購入を決定させてしまい，その後に，オプションなどで価格をつり上げていく方法である。一度，購入を決意してしまうと，その決心は容易には変更されないことを利用している。

3.　認知的不協和理論の応用とその後

（1）受け継がれる認知的不協和理論

　認知的不協和理論は，複雑な仮定を必要とせず，当時の行動主義理論を覆すような斬新な研究を次々と生み出し，意外な態度変化や印象評価の錯覚について説明することができた。そのため，60年代から70年代にかけて華々しく注目を集め，心理学史に重要な足跡を残している。

　しかし，現在では不協和を直接扱った研究はかなり減少している。この背景には，当初の理論が，あいまいで適用範囲のはっきりしない概念を含んでいたことや，研究手続きが不適切であったり厳密さや予

測力に欠けていたりしたためとも指摘されている。また，不協和をめ
ぐる研究も一貫性を求める動機づけという観点だけでなく，不協和の
解消によって自己評価を高く保持することが動機づけになるという見
方が重視されるようになってきた。加えて社会心理研究の主流が動機
づけと認知の関係を重視する立場から，原因帰属に着目するアプロー
チへと移った影響もある。この帰属理論は第12章で扱うものとする。

　ただし，自己の一貫性や正当化への動機づけという理論のエッセン
スは，幅広い研究領域の中に現在も生かされている。たとえば，近年
著しく発展した行動経済学や意思決定に関わる心理学（第8章）では，
自分の意思決定を正当化しようという動機づけが非合理的な意思決定
や連鎖的な失敗につながる（関与拡大現象）という枠組みで不協和の
考え方が生かされている。

　行動経済学でいうサンクコスト（埋没費用）効果とは，過去に払っ
てしまって取り戻すことができないコストに影響を受けて，将来に関
する意思決定が影響を受ける現象である。これは，無関係なはずのコ
ストが心理的な会計には残ってしまい，その損失を回避しようとする
傾向から説明される。これを不協和理論からみれば，すでに投資とい
う行動をしてしまった自己の一貫性を保持し，正当化しようとする動
機づけから非合理的な意思決定が引き起こされる例でもある。こうし
た過程は，一度動き出したむだな公共事業や，不採算部門に対する投
資がなかなか中止できない心理を説明するものである。

（2）認知的不協和の文化差

　最後に，認知的不協和から日本人の自己観をうかがい知ることがで
きる興味深い研究を紹介しよう。

　自己評価が脅威を受けると不協和が高まり，何らかの認知的なバイ

アスがかかることでこれを解消するという現象は，欧米の研究では強固に観察されてきた。しかし，日本で行われた実験では，これが明確にみられないという報告もある。北山ら（Kitayama et al, 2004）は，そこに欧米人と日本人の自己観の違いが表れたと考えて，次のような実験を行った。

　まず，実験参加者に10枚のCDのランクづけを行ってもらい，そのお礼のプレゼントとして，中位のCDから1枚を選んでもらった。そのあとで，再度，CDのランクづけを行って，当初の順位づけと比較した。この実験手続きは，認知的不協和を観察する標準的な選択課題で，多くの場合，自分が選択したものは再度の評価では順位が高くなり，選ばなかったものは下がる現象が認められる。もし，自分の選択が最善ではなかったのであれば，それは自己への脅威となり不協和を生じる。そこで自分の選択がよいものであったと評価を変えて選択の正当化を図るためと説明されている。

　この実験では，欧米人の実験参加者では理論に沿った変化が観察されたのに，日本人の場合には正当化のバイアスは生起しなかった。これは，日本人にとって，選択が最善ではないことが脅威とならない可能性を示している。その一方で，そうした日本人であっても，CDのランクづけの際に，平均的な学生の評価を考えさせるなど，他者の存在を意識させた条件では，欧米人と同じく不協和解消のための評価の変化が観察されたのである。また，他人の目を意識させるために，実験室内に人の目を図案化したポスターが貼られていた条件でも，従来みられなかった不協和解消方向への評価の変化が起こったのである。

　おそらく，欧米人にとって，自己が最善の選択をできなかったという認知は，自分自身の有能感や効力感への脅威となって不協和を引き起こす働きをする。しかし，日本人の自己観はより関係志向的であっ

て，他者から見た自分の選択が不適切であることが，自己への脅威と
なるために，こうした結果になったと解釈されている。

　対象の評価が無意識のうちに特定の方向へ変化してしまうことを一
種の認知的錯覚と捉えるならば，自己観やその背景となる文化の違い
によって特有の錯覚が引き起こされる現象は，錯覚の奥深さと，その
研究のおもしろさを如実に感じさせてくれるものではないだろうか。

■学習課題

　好意を持った人を振り向かせたいときは，たとえばプレゼントをあ
げるなど，自分から積極的にアプローチする姿勢が大切かもしれない。
しかし，認知的不協和理論からは，ささいなことでもいいので，相手
から便宜を図ってもらう（何かを借りるとか，ちょっと手伝ってもら
うとか）ことが，自分へ好意を向けてもらううえで有効だと予測して
いる。ここで認知的不協和の低減による態度の変容はどのように働い
ているのか考えてみよう。

参考文献

三井宏隆・増田真也・伊藤秀章（1996）. 認知的不協和理論―知のメタモルフォー
　　ゼ― 垣内出版

タヴリス＆アロンソン（著），戸根由紀恵（訳）(2009). なぜあの人はあやまちを認め
　　ないのか　言い訳と自己正当化の心理学　河出書房新社（Tavris, C., & Aron-
　　son, E.（2007). Mistakes were made（but not by me）：*Why we justify foolish
　　beliefs, bad decision, and hurtful acts.* Harcourt.)

引用文献

ASIOS, 菊池聡, 山津寿丸（2012）. 検証予言はどこまで当たるのか　文芸社

Aronson, E., & Mills, J., (1959). The effect of severity of initiation on liking for a group. *Journal of Abnormal and Social Psychology, 59*, 177-181.

Aronson, E., & Carlsmith, J. M., (1963). Effect of the severity of threat on the de-valuation of forbidden behavior. *Journal of Abnormal and Social Psychology, 66*, 584-588.

Festinger, L., & Carlsmith, J. J., (1959). Cognitive consequences of forced compli-ance. *Journal of Abnormal and Social Psychology, 58*, 203-210.

フェスティンガー, L., リーケン, H. W., シャクター, S.（著）　水野博介（訳）(1995). 予言がはずれるとき　この世の破滅を予知した現代のある集団を解明する　勁草書房

Freedman, J. L., & Fraser, S. C. (1966). Compliance without pressure: The foot-in-the-door technique. *Journal of Personality and Social Psychology, 4*, 195-202.

Kitayama, S., Snibbe, A. C., Markus, H. R., & Suzuki, T., (2004). Is there any "free"choice?: Self and dissonance in two cultures. *Psychological Science, 15*, 527-533.

10 | 身近な情報の錯覚

菊池　聡

《**目標＆ポイント**》　高度情報化社会と言われる現代の社会で，私たちは身の回りの出来事からだけでなく，マスメディアやインターネットからさまざまな有益な情報を読み取り，解釈し，それを判断や意思決定の材料としている。そのプロセスの中で，情報が持つ特有の性質が，私たちに思い違いを引き起こすことがある。本章ではこの種の錯覚の中から，統計的な変動を含んだ情報が誤った因果関係の判断につながる現象を取り上げる。なかでも「平均への回帰の錯誤」は，前後論法という考え方を通して因果関係を誤認させ，しばしば迷信的な思考を生み出す。これらを通して，日常的には気がつきにくい情報の錯覚について理解を深めていく。
《**キーワード**》　平均への回帰の錯誤，前後論法，同時発生の原因，自然な原因，欠落したケース，サンプリング・バイアス

1. 身近な情報をしっかり見て，その体験から錯覚してしまう

（1）褒めることと叱ることの効果

　親や教師にとって，子どもを褒めて育てるべきなのか，それとも厳しく叱ってしつけていくべきか，というのは難しい問題である。それぞれの人生観や体験論から，徹底して褒めるのがよいという意見もあれば，厳しさをもって（時には体罰すら容認して）臨むべき，といった教育談義が盛んに行われている。むろん，場合に応じて適切に褒めたり叱ったりを使い分けるのが望ましい態度と言えるだろうが，いず

れに重点を置くかには考え方で差が生じるであろう。

　これを教育心理学や学習心理学の問題として一般化すれば，学習や発達を促進し，スキル向上に寄与するためには，賞と罰のどちらが有効であるか，ということになる。

　いくつかの研究ではたとえば内向的か外向的か，能力が高いか低いかといった子どもの特性によっても賞と罰の効果は変わってくるとされている。ほかにも課題の種類や両者の関係性など，きわめて多くの考慮すべき要素があって，断定的な見方は慎まなければならない。ただ，学習心理学のさまざまな研究結果が示しているのは，一般的な傾向として，賞を用いると新しい学習を促進し，望ましい動機づけを促すことができるのに対し，罰の効果は馴化も早く，限定的で感情的混乱をもたらすことが多いために推奨できるものではない，ということである。

　たとえば教育現場での罰の限界やデメリットは次のように指摘されている（ベア，2005）。

・してはいけないことを教えるが，望ましい行動（思いやりや親切などの向社会的行動）や自律を教えることができない。

・罰の効果は短期間で長続きせず，罰が与えられなくなると元に戻る。

・自分の要求を通すために，他者への攻撃や他者を罰することを子どもに教えることになる。

・怒りや報復，回避といった望ましくない副作用を起こしやすい。

・適切な行動を強化し，自立を発達させる機会を探す代わりに，「問題を見つける」ことに教師が力を入れるようになる。

　このように心理学の知見からは，望ましい行動を学習させ，増加させるためには，さまざまな形で与えられる罰は，罰を用いない方法よりも劣ると考えられている。

　しかし、こうした知見にもかかわらず、現実的には家庭や学校教育において罰が多用される傾向がある。それはなぜなのか。

　もちろん、罰には実用的なメリットもあるだろう。たとえば適切に褒めることは難しいのに対し、罰には特別な技術や熟練をあまり必要としない。また、少なくとも短期間は悪い行動を制止・減少させることができ、他の者に行動を思いとどまらせる効果もみられる。こうした点から、罰も賢く使われれば、子どもの発達にある程度は貢献できるだろう。

　その一方、賞よりも罰が用いられやすいことについては、全く別の解釈も指摘されている。そこでは、私たちは「賞の効果を過小に見積もり、罰の有効性を過大視する」錯覚に陥り、賞罰についての誤った信念を獲得してしまった、と考えられている。

　この観点から賞罰効果の錯覚を再現するために、次のような実験が行われた。実験参加者たちは、コンピューター上のシミュレーションを行って、画面上に登校してくる仮想の子どもたちを叱るか褒めるかして、できるだけ遅刻しないように指導する教師の役割を体験した。このシミュレーションの後、自分が使った賞罰の効果評定を求められた参加者の多くが「登校時間を早くするために、叱ることが有効であり、褒めることは有効ではなく、逆効果もあった」と判断したのである。

　しかし、子どもの登校時間は、叱るか褒めるかとは無関係にランダムにプログラムされていた。したがって、参加者が賞罰の随伴性を正しく認識していれば「賞罰には効果が無い」と答えるはずである。しかし、参加者たちには叱ることが有効だという錯覚が生じていたのだ（Schaffner, 1985；菊池・青木, 1994）。

　この誤判断は、測定値が持つ特性が反映した平均への回帰の錯誤と

呼ばれる認知的錯覚によって引き起こされることが知られている。

（2）平均への回帰

　平均への回帰（regression）とは，データの性質に起因する統計的な現象である。統計用語としての原義は，完全ではない関連性のある２つの測定値の片方が極端な値をとった場合，もう片方はより平均的な値に近づく（帰ってくる）傾向が生じることを指す。

　これを，ある生徒の中間テストの成績と，その後の期末テストの成績で考えてみよう。おそらく，その２つの得点の間にはある程度の関連性（相関）がある。つまり，できる生徒は両方できるし，できない生徒は両方できない。ただし，成績は勉強量によっても変わるし，運や体調によっても変動する。したがって，この２つの成績には完全な相関があるわけではないが，全体として対応する傾向が認められる。

　この成績データで起こる平均への回帰は，中間テストで予想を上回る極端に高い点を取った生徒は，期末テストでは，実力が変わらなかったとしても，より平均的な点に落ち込む，という現象である。逆に，中間で極端に悪い点を取った生徒は，放っておいても，期末ではより平均的な位置に浮上する確率が高くなると予想できる。

　これは，本人の慢心とか努力とかではなく統計的な現象である。その原因は，あらゆる測定値には誤差がつきものであり，そこにはランダムな成分（偶然誤差）が含まれるためである。テストの得点を，その生徒の真の実力と，運のような偶然で生じる誤差の２つの成分に分けてみよう。中間テストの点が極端に良かった場合は，真の実力に加えて，何らかの偶然が得点を押し上げる方向に働いた可能性が高い。たとえば，勘で選んだ選択肢が的中したとか，たまたま寸前に見た教科書の事項が出た，などである。

　ここで，2回のテストで実力（真の値）が変化しないと考えよう。すると，1回目で得点を押し上げた偶然誤差は，2回目ではプラスマイナスのどちらに働くかは予想できず，期待値はゼロである。その結果，中間で良い点をとった生徒は，実力が変わらなければ，期末でより平凡な点に落ち込むのが自然なのである（図10-1）。

　ただ，2回のテストで実力が変化した可能性もある。回帰は統計的な現象なので，すべての変化が回帰によるわけではないことに注意しておいていただきたい。

　平均への回帰は，人類学者であり近代統計学の先駆者であったフランシス・ゴールトン（1822～1911）による遺伝の研究の中から見い出された。彼は，親世代の身長が非常に高かったとしても，その子の身長は平均的なレベルに戻ってしまうという現象を検討した。優れた形質を持つ親から生まれた子なのに，親の形質は完全には現れることはなく，より平均に近い値に落ち込んでしまうのである。これは一見すると，進化論に反して，退歩が起こっているように見える。この現象に興味を持ち，さまざまな側面から研究に取り組んだゴールトンは，こ

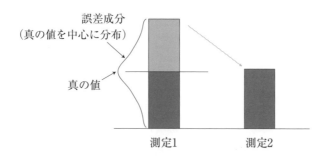

図 10-1　2つの測定値の間で起こる平均への回帰

測定値は，真の値＋偶然誤差に分解される。

れが前述のような統計的な作用に起因することに気がついた。

　そして，これらの研究が一つのきっかけとなって，変量間の不完全な関係性を記述する統計手法が大きく発展した。ある変量から別の変量を予測する回帰分析（直線回帰）では，予測値が平均方向に回帰することが直線の傾きから理解できる。詳しくは統計の概説書や授業を参考にしていただきたい。

（3）身近にある平均への回帰

　私たちが接する身近な情報の多くは，現実を何らかの手段で測定したものであり，程度の差こそあれ偶然の誤差を含むのが普通である。その意味で，身近な情報には，平均への回帰という変動は大抵含まれている。そして，そのために起こる測定値の回帰を，別の原因によって引き起こされたと考えるのが心理的錯覚としての**平均への回帰の錯誤**（もしくは**回帰の誤謬**）である。つまり回帰現象が起こっているだけなのに，値の変化は別の何かが原因だと考えてしまうのだ。

　先の例であれば，中間テストできわめて良い成績だったために，それ以上を期待された子どもが，期末で点を落とすと，それは回帰で解釈されるのではなく，「いい気になって勉強をサボったせいだろう」とみなされるだろう。

　これは一般的には「2年目のジンクス」という言葉でもおなじみだ。1年目に予想外に活躍すると，2年目は平凡なところに落ち着くというのは，慢心だけでなく，平均への回帰も作用している。

　ここで，本章の最初に挙げた，叱ることの有効性についての錯覚を考えてみよう。このシミュレーション実験では，登校時間はランダムに変動するようにプログラムされていた。仮に登校時間をごく単純化したグラフにしてみれば，図10-2のような変動となるだろう。これを

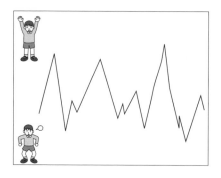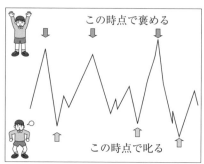

図 10-2 子どもの行動がランダムに変化した場合，極端に良かったり悪かったりしたあとは，平均方向へ回帰する可能性が高い（左図）。良かったときに褒め，悪かったときに叱れば，このデータから誤った賞罰の効果が読み取られてしまうことになる（右図）。

見れば，とても早い時間に登校したあとには，より遅くなる確率が高いし，遅刻してきたあとには，より早い時間に登校する確率が高いことが読み取れる。これが平均への回帰である。

　そして実験の中で，しつけ役の実験参加者は，遅刻してきた場合には叱るし，早く来れば褒めるという選択をしたであろう。であれば，参加者が体験したのは「叱った後には改善することが多いし，褒めた後には悪くなることが多い」という明確な経験的事実である。これが，平均への回帰の錯誤を形作るのである。

　一般に，子どもたちの行動には，ポジティブなものもネガティブなものも，さまざまなパターンが含まれるのが普通だ。どんな子でも，時には親切で正直な振る舞いをするだろうし，またとんでもない悪さもするだろう。極端に良い・悪い行いをした後に，平均的な方向への回帰が起こるのが普通だとすれば，叱るという行為には全く効果がなかったとしても，その有効性が体験的に認められてしまうのである。

　第 8 章で紹介したカーネマンは，イスラエル空軍の教官たちの指導を行っていた際に，この現象に興味を持ったという。カーネマンは，心理学理論からは褒めることが有効だと指導したのに対し，現役の教官たちは，アクロバット飛行がうまくできたことを褒めると大抵次はうまくいかないし，失敗を叱りつけると次はうまく飛べるようになる，と反論したという。これが平均への回帰の錯誤の典型的な例である。カーネマンによれば，回帰の錯誤を引き起こすのは，「起こりうる結果はその対象を最大限に代表する」と考える代表性ヒューリスティック（128 ページ）の働きである。つまり，能力の測定値は能力そのものをよく代表すると捉え，回帰による変動の要因が過小評価されてしまうのである。

（4）社会的な問題を引き起こす回帰の錯覚

　平均への回帰は広汎な測定値で見られる現象であり，そのためこの錯覚もさまざまな場面で起こっている。誤差の成分が大きいと回帰も大きくなり，それが別の原因に帰属されてしまうと重大な錯誤に陥ることになる。しかし，私たちはそれになかなか気がつかない。

　不幸のどん底にいる人が幸運のグッズを買う，不調の選手に特訓をさせる，成績が落ち込んでいる子どもに特別の勉強を試みさせる，心身の不調に悩まされている人に祈とうを受けさせる。もちろん，これらは本当に効果があるかもしれない。しかし，こうした場面は平均への回帰の錯誤が起こりやすい典型的な状況でもある。

　これを一般化して言えば，一度何らかの測定を行い（事前テスト），これに対して措置や介入を行って，再度，その効果を計測する（事後テスト）場合だ。こうした手順は，身近にごく普通に行われているものなのだ（後述の前後論法を参照）。

　そうした状況の中で，回帰の錯誤が深刻な問題につながるのは，医療，健康分野などにおいて，実際には効果のない治療法や健康法が有効であると錯覚されてしまうことである。最初に健康診断を行って（事前テスト），その後に，治療や健康食品の摂取のような処置や介入を行い，もう一度，その人の健康状態を事後テストしたとしよう。仮に，その処置に全く効果がなかったとしても，事前テストで健康状態が非常に悪かった群は，事後テスト数値に向上がみられるはずだ。こうした実体験にもとづく治癒例は本当に観察された出来事であるがゆえに科学的なデータのように見えてしまい，不適切な治療や健康食品による被害をもたらす可能性がある（第13章の疑似科学を参照）。

　また，経済や社会政策の評価などでも平均への回帰の錯誤は起こり，誤信念に体験的な証拠を提供することがある。株価をはじめとした経済状態が落ち込んでいるときや，社会的な問題が多発している際に，為政者が何らかの措置や対応策をとったとする。そのあとに，状況が変化すれば，その措置が有効だったと解釈されるであろう。

2. 前後論法の錯覚を知る

（1）事前と事後の比較から考える

　平均への回帰の効果を適切に処理するためには，第7章で取り上げた四分割表のような比較対照条件の考慮が必要になる。たとえば，前述のような治療効果を検証する正当な手法としては，比較対照群を設定した無作為化臨床試験が行われる。すなわち，新薬の効果を確認する場合，試験に参加する患者群をランダムに2群に分け，同じように事前診断データを得ておく。その後，片方の群には新薬を投与し，もう片方の群（比較対照群）には偽薬を投与して，その後に両群の治療結果データを比較するプロセスが行われる。この手法であれば，結果

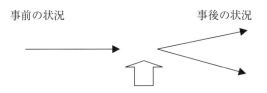

事前の状況　　　　　　　　　　事後の状況

処置の導入：変化の原因と認識される

図 10-3　前後論法の基本的なパターン

に影響を及ぼしうる平均への回帰をはじめとした雑多な要因はランダ
ムに割り当てられた両群で共通に働くと考えられるために，比較した
い効果のみを取り出すことができる。

　こうした厳密な手順を用いないと因果関係を正しく確認することは
難しい。しかし，日常的な判断プロセスの中ではこうした比較対照実
験を行うことはほとんど無理な相談だろう。そもそも，私たちが経験
する日常事態や，社会的な出来事の数々は 1 回限りの出来事なので，
四分割表のような条件設定は困難をきわめる。

　そこで，私たちの日常思考では，対照群と比べるのではなく，時系
列に沿って，事前の状況と事後の状況を比較する方略が多用される。
すなわち，図 10-3 のように，事前の状況を確認したうえで，介入や処
置を導入するなどの具体的な事実があって，続けて状況の変化が起こ
れば，その出来事が変化の原因だったと推論するのである。これは第 7
章で「雨乞いをしたら，雨が降った」という例で説明した随伴性の原
理にもとづくものであり，論法としては，前後で効果を比較すること
から，**前後論法**と呼ばれる考え方である。

　私たちは，日常的な思考の中で，当たり前のように前後論法を判断
の手がかりに利用しているはずだ。それで，おおよそ適切に身の回り

の出来事の関連を判断できている。その意味で，前後論法は，必ずしも誤った論法ではない。だが，この前後論法は，実際の因果関係を推論するためには，自分で思っている以上に弱い論拠しかもたらさない。前後の間の処置が，実際には全く変化の原因にはなっていない可能性を見落とすのである。その典型的な例が，前述の平均への回帰の錯誤であった。この場合，事前と事後での状況の変化をもたらしたものは，統計的な現象なのである。

　前後論法を適切に使いこなすためには，前後論法が錯覚に陥りやすい状況を明らかにしておくことが有効である。平均への回帰以外に，同時発生の原因・自然発生の原因・欠落したケースという3つの代表的な要因を次に考えてみよう。

（2）同時発生や自然な出来事が変化の原因

　同時発生の原因は，さまざまな場面で考慮しなければならない重要な観点である。これは，途中で行った処置や介入が，同時発生するさまざまな出来事と連動していて，それら隠れた要因が変化の本当の原因となることである。私たちが何らかの処置を行ったとき，それは必ずと言っていいほど単独の出来事ではない。意図があろうとなかろうと，その処置は他の何かに影響を与え，またその処置自体が他の何かの影響を受けたりしているはずなのだ。しかし，具体的な行動として処置自体が最も目立つために，私たちは因果関係を誤って判断してしまう。

　たとえば，あるエステサロンは痩身のためにとても効果があると評判が高いが，値段もとても高いとする。ある人が，そこに通い出したところ，てきめんに体重が減ってきたとすれば，エステの効果があったと考えるのが普通だろう。このような場合，同時発生の原因がさま

ざまに考えられる。たとえば，エステに大金を投じたため飲酒や間食に回せる金がなくなったのが直接の原因かもしれない。また，エステサロンに歩いて通うこと自体がカロリー消費を促したのかもしれない。どれが原因かは，「通い出す前には太っていた人が，通ったら痩せた」という事実のみからは特定できないのである。

　これに似た概念として，社会調査データの分析などでは，実際には関連性のない 2 つの変数であっても隠れた要因（第 3 変数，交絡要因）が共通の原因となることで関連性が生じる場合があり，これを**疑似相関**と呼ぶ。これを正しく見分けることが，調査リテラシーを向上させる重要なポイントとされている。加えて，2 変数の関係を考えるときには，単に両者が共変しただけの相関関係なのか，それとも因果関係なのかを正しく見分けることも重要である。私たちは，ただの相関を因果関係だと錯覚する傾向がある。データの分析と解釈を適切に行うためにしばしば強調されるのは「相関は必ずしも因果関係とはいえない」という鉄則である。これらについて詳しくは参考図書で学んでいただきたい。

図 10-4　前後論法で，変化の原因となりうる見落とされやすい要因

　同時発生の原因は，処置自体と関連して起こる出来事が真の原因であったが，そもそも処置とは無関係で生じる変化もありうる。それが，**自然発生の原因**であり，事前と事後で変化しているように見えるが，その変化は時間の経過とともに自然のうちに起こっていた場合である。

　たとえば，ちょっとしたかぜ程度であれば，しばらくすれば自然治癒するのが普通だ。しかし，その間に特別に行ったことがあれば（たとえばイワシの頭を拝んだようなことであっても），治療に効果があったと錯覚されやすい。おまじないなどの迷信は，こうした要因で発生することがあるだろう。また，子どもの心身は自然に成長していくが，その間に何か特別なことをしていれば，それが成長を促す要因になったと錯覚することもあるかもしれない。

（3）対象が変わってしまったことが変化の原因

　欠落したケースは，事前と事後で対象者が脱落して変わってしまい，事後の測定値が変化する場合だ。事前と事後という時間的に離れた測定を集団に対して行う場合，測定される対象者は完全に同じではなく，欠落が生じるようなことが起こり得る。ポイントは，単に脱落が多いか少ないかではなく，特定の層の人たちが脱落する点である。

　これも，1年間継続すれば絶対に痩せるという宣伝文句のダイエット法を例にしてみよう。その宣伝では，実際にやり通した人はほぼ全員体重が減ったという事前事後のデータが示されている。そのデータにウソがないとすれば，これはかなり有効なダイエット法と言えるのではないか。

　しかし，全く効果のないダイエット法であっても，ほとんどの人の体重が減少するというデータを得ることはできる。もし，その方法に効果がないとすれば，体重の変動は±0を中心として，太る人と痩せる

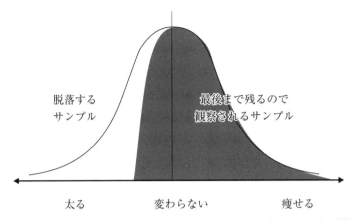

図 10-5　全く効果のないダイエット法であっても，それを長期
間続けるのは，誤差変動が痩せるほうに入った場合ではないか。

人が図 10-5 のように左右対称に分布するはずだ。これが誤差による変
動を表す正規分布である。このような状況では，体重が増えてしまっ
た人は，1 年間やり通さずにやめてしまう可能性は高いし，減った人は
これを続けるモチベーションが高いものと考えられる。その結果，最
後までやり通した人は，この分布の右半分に偏ってしまう。このため
に，ほとんどみんな痩せたといううそ偽りのないデータが残るのである。

　前後論法の注意点としては，事前テストと事後テストの測定値だけ
を見るのではなく，その対象となる集団が質的に変化していないかを
十分に考慮する必要がある。

　この欠落したケースの問題は，社会的な調査データを解釈するとき
に，常に考えておかなければならない問題である。これは**サンプリン
グ・バイアス**と呼ばれ，得られたデータが，本当は対象全体の一部分
しか反映していないのに，それに気がつかないとすれば，その情報を
もとに適切な判断は下せないことになる。

　たとえば，世論調査などでは，有権者名簿や電話帳からランダムに選ばれた対象や，コンピューターが無作為に生成した番号に電話をかける方法（RDSもしくはRDD）がとられることがある。この方法は，欠落したケースが特有の層に偏るために，回答率が低いとかなりゆがみを含んだデータになりがちである。つまり，平日の昼間に固定電話に出て回答してくれる人は，おそらくは主婦や退職後に家にいる高齢者の割合が非常に高いだろう。有職者や若者など，電話に出ない可能性のある人の意見が調査結果には反映されにくくなる。逆に，インターネット調査の場合は，ネットに親しんでいる世代に偏りやすく，高齢者の意見が反映されにくい。こうした調査では，回答率がすべての層で一定になるのではなく，特定の層が欠落しやすいことに注意しておこう。

　また，類似の現象として，研究者が自分の研究結果を公表する際の「出版バイアス」がある。このバイアスのために，科学的根拠が不十分な主張が，あたかも広く支持されているかのように受け取られることもある。たとえば図10-5で例にした効果のないダイエット法の結果は，ゼロを中心にプラスマイナスの誤差をもって分布していた。これを科学者が行った研究データと考えてみれば，効果があるというデータは，自分の理論を裏付けるものとして論文や学会などで発表するが，否定的なデータは失敗したと思って，公表せずにしまいこんでしまう場合がある。これはお蔵入り効果もしくは引き出し効果と呼ばれる。こうして，発表されて利用可能となったデータだけ見ていると，理論の正しさを見誤る問題が生じてしまうのである。

■学習課題

1．一般に，大学教員は自分の授業がおもしろくて，学生から支持され

ているという過剰な自信を持っている。なぜなら，半年間の授業の最後にアンケートを行うと，受講生のほとんどが，この授業を高く評価していることがデータで示されるからである。もし，これが一種の錯覚だとすれば，そこにどんな要因が働いているだろうか。またこの錯覚はどのようにすれば克服できるだろうか。

2．花粉症を抑える効果があるという画期的な健康食品が発売された。これを食べていると，ひどい花粉症もやがて治まってくるという。しかし，もし，この食品に効果が全くなかったとしても，これを食べた人は花粉症が治まるという体験をするかもしれない。前後論法の注意点 4 つにそれぞれ注目して，なぜ症状が治るのかを考えてみよう。

参考文献

ゼックミスタ＆ジョンソン(著)，宮元博章・道田泰司・谷口高士・菊池聡（訳）(1996).　クリティカル・シンキング　入門篇　北大路書房　（Zechmeister, E. B. & Johnson, J. E. 1991 *Critical thinking a functional approach*. Brooks/Cole Pub Co)

ギロビッチ，T.（著），守一雄・守秀子（訳）(1993).　人間 この信じやすきもの 迷信・誤信はどうして生まれるか　新曜社　（Gilovich,T. 1993 *How We Know What Isn't So*. Free Press）

谷岡一郎（2000).　社会調査のウソ リサーチ・リテラシーのススメ　文藝春秋

引用文献

ベア，G. G.（著)塩見邦雄（監訳)(2005).　子どものしつけと自律　風間書房（Bear, G. G.（2005).　*Developing self-discipline and preventing and correcting misbehavior*. Pearson Education.）

Schaffner, P. E.（1985). Specious learning about reward and punishment. *Journal of Personality and Social Psychology, 48*, 1377-1386.

菊池聡・青木知史（1994).　現代大学生の超常現象や占いに対する興味・関心に関する研究　日本教育心理学会第 36 回総会発表論文集　266-267.

11 | 錯覚の光と影
エンターテインメントと悪質商法

菊池　聡

《**目標＆ポイント**》　目の前にあったものでも，うっかりと見落としてしまった経験は誰にでもあるだろう。私たちは，目や耳が捉えた膨大な情報のすべてを認識しているわけではなく，そのほんの一部にのみ注意のスポットライトを当てて，選択的な情報処理を行っているのである。こうした視覚的な注意には実はかなりの制約があることは，チェンジ・ブラインドネス現象で知ることができる。しかし，私たちは日常生活の中ではほとんどその制約に気がつかず，自分の知覚能力に過大な自信を抱いている。こうした注意の性質を意図的に応用すれば，見えているはずのことでもそれに気づかない状況を作り出すことができるだろう。そして，実際にさまざまな心理トリックに応用されているのである。たとえばマジックショウでは，巧みなテクニックで観客の注意をコントロールして驚きのマジックを演出する。その一方で，類似の働きを応用して，不都合な情報に注意を向けさせないように誘導する手法は悪質商法や詐欺の手口にもつながっている。

《**キーワード**》　チェンジ・ブラインドネス，注意，復帰抑制，共同注意，ミスディレクション，フォース

1.　見えているのに見えていない

（1）間違い探しとチェンジ・ブラインドネス

　一見すると全く同じに見える2枚の絵や写真を並べて，どこが違っているのかを探すゲームがある。複雑な絵柄だと苦労するが，しっか

図 11-1　間違い探し

2枚の写真でどこが異なっているか。(正解は 193 ページ)。

り見比べれば間違いを発見できるだろう (図 11-1)。しかし，2枚を並べて見比べるのではなく，1枚ずつ交互に，間に数百ミリ秒の空白 (ブランク) 画像を挟んで連続的に呈示して見せると，変化した部分を見つけ出すことが非常に困難になることが知られている (Rensink, O'Regan & Clark, 1997 など，レビューは村越・長田，2000 参照)。

図 11-2　フリッカー法によるチェンジ・ブラインドネスの実験方法
わずかに異なった映像の間に空白画面を挟み，連続して画面に呈示する。

　こうした時間的に連続する画像での変化の見落とし現象は，**チェンジ・ブラインドネス（change blindness，変化盲）** と呼ばれる。2枚の自然画像を使う研究では，上記のような空白画面を挟んで連続して呈示するフリッカー法が最もよく用いられてきた（図11-2）。空白を挟まないと，変化した部分がアニメのように動く仮現運動を起こすのですぐに検知されてしまうためである。その他にも眼球運動（サッケード）に同期させて画像を切り替えるサッケード法や，一瞬泥はねのように妨害図形を出すスプラッシュ法も使われる。さらに，空白を挟まなくても，画面の一部だけを非常にゆっくりと変化させていくと，変化の発見は非常に困難であることも明らかになった（漸次法）。こうしたデモンストレーションは，テレビ番組などでも紹介されるのでご存じの方も多いだろう。

チェンジ・ブラインドネスは古典的な錯覚現象には分類されないが，眼に映っている光景と異なるものが知覚される「見えているのに見えていない」現象である。この現象は，私たちが視覚情報の変化に対して非常に鈍感なことを示しており，そこには人の注意範囲が時間的にも空間的にもかなり狭く，注意を向けた領域の変化のみが認識されて他は無視され，注意が他に移ると最初の対象の情報がほとんど利用できなくなるという特性がうかがえる。そのメカニズムについては完全に明らかにされたわけではなく，注意の他にも記憶，知覚などさまざまな側面からの研究が行われている。たとえば，視覚的な短期記憶の容量は小さく，その容量を超えた比較が困難なことや，認知に利用可能な視覚的な情報は必ずしも明確・詳細なものでないこと，たとえ完全な情報を保持していても比較検出処理がうまく行えないことなどが関係すると考えられている。また，この課題では，一度変化する部分がわかってしまえば，二度目には，最初にまるでわからなかったのがウソのように，明確に対象の変化を捉えられる。これは認知情報処理にとって予期というトップダウン的な働きが非常に重要であること（第7章）をよく表している。

（2）日常場面でのチェンジ・ブラインドネスと自信過剰の錯覚

チェンジ・ブラインドネスは，写真を連続呈示する実験場面に限らず，私たちの日常で広範囲に起こることも明らかにされてきた。

サイモンズとレヴィンの研究では，大学の構内を歩いている人に，実験者が地図を持って近づき，道を教えてもらうという状況での実験が行われた。道を教えてもらっている間に，別の実験者たちがドアを運んでいるふりをして通りかかり，両者の間にドアが割り込んだ時を利用して最初の実験者が別人に入れ替わるのである（遮蔽法，図11-3）。

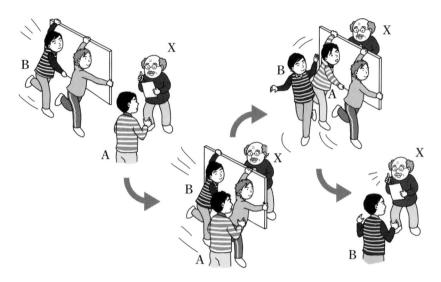

図 11-3　サイモンズとレヴィンの実験では，話をしている途中に相手が入れ替わっても，半数の人が気がつかなかった。

入れ替わる前後で，服装や声が明らかに違っているにもかかわらず，実験対象になった通行人 15 人中 7 人しか，この入れ替わりに気がつかなかった。また，大学生の通行人に対して，年格好の違う工事関係者の扮装で道を尋ねる条件では，すぐに気がついた通行人は 12 人中 4 人にすぎなかった。(Simons & Levin, 1998)。

　また，大学生に日常的なシーンが映っているビデオを見せた研究では，カット割りの際に，テーブル上の皿の色が変わってしまったり，出演者の女性がつけていたスカーフが途中でなくなったり，出演者自体が別人に代わってしまったり，といったさまざまな変化の検出が試みられた（カット法）。しかし，ほとんどすべての参加者が，この変化に気付くことはできなかったのである。このように，実際には非常に

困難な検出課題だが，興味深いことに実験に参加していない大学生に，変化した画像を説明しながら，自分なら気付くと思うか予測させてみると，過半数から9割ほどまでが，見分けられると答えている（Levin, Momen, Drivdahl & Simons, 2000）。

　こうした実験結果を知ったとしても，「ほんとにそんな簡単なことがわからないのだろうか。」という驚きや疑いを感じる人も多いかも知れない。つまり，ここで起こっているのは，目の前の対象の変化に気がつかないという錯覚だけでなく，私たちは十分にそれを見つけられるはずだという自信過剰の錯覚でもある。変化の検出に関する自分の能力を正しく評価できないことは，チェンジ・ブラインドネス・ブラインドネスと呼ばれている。

（3）見えないゴリラ

　私たちの注意は，非常に狭い範囲に向けられるために，特定の対象に集中している間は，その外にある対象はほとんど認知することができなくなる。

　チャプリスとサイモンズが行った有名な実験では，実験参加者にバスケットボールの練習のビデオを見せ，白シャツの選手達がパスをする回数を数えて，黒シャツの選手のパスは無視するように指示した。参加者は注意を集中して30回以上のパスをカウントしたのだが，実はこのビデオでは途中にゴリラの着ぐるみを着た女子学生が現れて去っていくシーンがあった。もちろん，ゴリラははっきりと画面に現れ，誰でもごく簡単に認識できる。ところが，この出現を予想していなかった参加者の約半数がゴリラに全く気がつかなかったのである。めまぐるしく変化する映像の中の白シャツ選手のパスのみに注意を絞って視覚的短期記憶を活動させると，黒シャツや，それに類似した黒いゴ

リラの視覚情報はフィルターがかかったように処理が抑制されてしまうのである。このような別の個所に注意が引きつけられることで起こるブラインドネスは不注意盲（inattentional blindness）とも呼ばれ，私たちがふだん気がつかない自分の認知能力の限界を示した興味深い現象として，アメリカで報道されると大きな反響を呼んだ（Simons & Chabris, 1999）。後述のようなマジックや詐欺におけるさまざまなテクニックの中には，こうした非注意による見落としを巧みに応用したものが多くある。

2. 「注意」の研究を概観する

（1）注意の情報選択機能と注意資源

　心的機能としての**注意（attention）**は，一種の情報の選択機能として捉えられる。つまり，感覚器が捉える膨大な量の情報は，そのすべてが脳で詳細に処理されるわけではない。効率的な認知のためには，不要な情報をカットして，有用な情報だけを処理する取捨選択機能が必要なのである。

　この選択的注意の働きを示す例としては，**カクテル・パーティー効果**がよく知られている。にぎやかなパーティの場で誰かと話をするようなときには，相手の声よりも周囲の雑音のほうが物理的に大きかったとしても，注意を集中することで，はっきりと相手の声だけを聞き取ることができる。また，たとえば講演などの録音を後から聴くと，録音時には全く気がつかなかった周囲の雑音がかなり入っていて聞きにくかったという経験があるかもしれない。これも，講演の最中には注意を集中していたために，背景に存在していた雑音はフィルターにかけられていたのである。ただし，意識されなかった情報であっても潜在的な処理は行われていて，判断や行動に影響を及ぼすことがある。

こうした研究については認知心理学の専門科目や専門書を参照していただきたい。

　また注意には，情報の選択だけでなく，認知全般を支える**処理資源（リソース）**としての側面もある。資源とは人が情報処理を行う上で必要とされる一種の心的なエネルギーのようなものとして想定されている。たとえば，「あることを考えるのに注意を集中した」というような場合には，その思考に多くの資源が分配されたことを表している。人が使うことができる資源容量には一定の限界が存在し，また課題によって要求される資源量も異なるし個人差もある。たとえば，複数の課題を並行して行うときには，その課題に要する心的努力に応じて資源が分配される。ゴリラの実験では素早いパスを数えるという困難な課題に大量の資源が消費されるために，他の情報処理には資源が配分されなくなるのである。

（2）視覚的注意をめぐる研究

　選択的注意の中でも，視知覚での注意の働きに関する研究を概観してみよう。

　視覚的な注意をある対象に向けることは，その対象を凝視することとイコールではない。私たちは視線を向けなくても，対象に注意を向けることはできる。

　この視覚的注意の働きを明らかにした代表的な研究手法では，注意の手がかりの有無による反応時間の違いを測定する課題が用いられた。参加者は，まず画面の中心の四角を注視するように求められ，その後，一瞬（100ミリ秒（0.1秒）程度）だけ画面の右か左の枠が光る（周辺手がかり）。そのあとに，光点が右か左の枠のどちらかに現れるので，それを左右のキー押しで判定して，その反応時間が測定される（図11-4）。

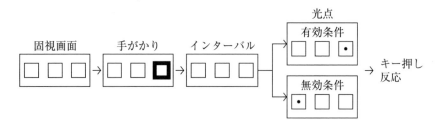

**図 11-4　ポズナーによる周辺手かがりを利用した注意の実験
（先行手がかり法）の手順**

　この試行を繰り返すと，先行する手がかりの位置が後続の光点の位置と一致する条件（有効条件）の反応時間は，不一致の場合（無効条件）よりも早くなる。試行の間，視線は中央に向けられたままなので，この結果は視線とは独立した注意が反射的に手がかりの位置に移動して，光点の知覚判断という情報処理が促進されたと解釈される。

　この先行手がかり法を基本として，手がかりの位置や時間変数を操作して数多くの研究が行われ，視覚的注意が持つさまざまな特徴が明らかにされてきた。

　それによると，人の視覚的注意は，スポットライトの比喩がよく当てはまるとされる。スポットライトが向けられた舞台の一部だけがよく見えて，周囲が見えなくなるのと同じように，注意のスポットライトが当たった一定の範囲（特に中心部）の情報の処理が促進され，課題の正答率の向上や反応時間の短縮が見られる。また，スポットライトは自在に移動することができる。上記の実験では，手がかりが突然出現することによってスポットライトは反射的にその位置に高速で移動した。これは受動的な注意の移動である（外発的コントロール）。一方で，中央部に矢印のような手がかりを出すと，視線は動かさないで能動的・内発的に注意がそちらに向けられる（内発的コントロール）。

　ただ，この場合のスポットライトの移動は比較的遅いことがわかっている。

　さらに，近年の研究からはスポットライトの範囲は，多少は広げたり絞り込んだりできることも明らかになった。そのため，視覚的注意は限定されたスポットライトというよりも，対象や状況によって柔軟に範囲が変えられるズームレンズにたとえる方がより適切だとされることも多い。また，この注意の範囲は複数には分割できないと考えられているが，ある程度なら複数に分割したり，柔軟に形を変えたりもできるという報告も増えている。

　こうした研究の中で，後述する注意の誘導の観点から興味深いのは次のような知見である。

　一つは，一度注意を向けた対象には，もう一度注意が向けにくくなることである。周辺手がかりの呈示から，光点の呈示までの時間間隔が 300 ミリ秒（0.3 秒）を超えると，手がかりと光点が一致した有効条件のほうが，反応時間がかえって遅くなる様子が観察できる。これは**復帰抑制**と呼ばれ，一度手がかりの位置に移動した注意が，しばらくすると，もとの注視点に戻り，そうなると一度向けた位置に再度注意を向けることにブレーキがかかるのである。この現象には，視覚的な走査を効率化する働きがあると考えられている。

　また，注意は物理的な刺激の出現に誘導されるだけでなく，社会的な文脈の影響も受ける。先行する手がかりとして，左右どちらかに視線を向けた人の顔の絵を出すと，その視線の向きに反射的・自動的に注意が引き付けられる。注意を他者と同じ対象に向けて，それを共有しようとする働きは**共同注意**と呼ばれ，人の社会性の発達過程で重要な役割を果たすとされている。

3. マジックと悪質商法

（1）マジシャンによるミス・ディレクション

　注意の働きをめぐる諸研究が示しているのは，注意のスポットライトが当たった視覚情報処理は促進されるが，その外にある対象は知覚されにくく，場合によっては全く見落とされてしまうことである。

　ということは，相手の注意を意図的にコントロールすることができれば，ある対象だけを認識させて，別の特定の対象に気がつかないようにしむけられるはずだ。こうした注意のコントロールの技術は，心理学の発展のはるか以前から，さまざまな場面で応用されてきた。その代表的なものが，手品や奇術，マジックの世界である。もちろんのことだが，多様なマジックのアイデアや技術は，マジシャンたちの努力のうえに築き上げられた文化的資産でもあり，単純に心理的な面からすべてを解説できるわけではない。しかし，現代の心理学の視点からみると，そこには認知の錯覚に対応する技法の数々が，経験的に取り入れられていることが理解できる。

　マジックには大きく分けて，ハトやコインの出現や消失，人体切断といった物理的なトリックと，予言，予知や読心術のような心理的なトリック（メンタルマジック）がある。これらの境界はあいまいなもので，物理的マジックにも心理的な要素は大抵含まれている。

　まず，わかりやすい例として，物理的トリックにおける視覚的注意のコントロールを考えてみよう。こうしたマジックでは，多くの人の視線が集まる舞台上で，タネの所在に注意を向けさせず，マジシャンが意図した方向に注意を誘導する手法が使われる。これが**ミスディレクション（誤誘導）**と呼ばれる技術である。

　たとえば，周辺手がかり実験で示されたように，目立つ視覚刺激が

現れると，観察者の注意は反射的にそこに引き付けられてしまう。これと同じように，マジシャンは舞台の上で，大きな動きや小道具の演出で観客の受動的注意を引き付ける。また，前述の共同注意を利用した，視線による注意誘導も効果的だろう。そうすれば観客の不注意盲を意図的に引き起こすことができる。いかに観客を誤誘導するかがマジシャンの腕の見せどころで，観客は目の前に存在する対象でありながら，注意が向けられていないタネの存在にほとんど気がつかないのである（図11-5）。

　また，広義のミスディレクションは，視覚的な注意誘導だけではなく，観客の考え方を限定された一つの方向に誘導するという意味で，思考を含む認知全体を巧みにコントロールする手法である。

　その意味で，メンタルマジックにおいてミスディレクションは重要

図 11-5　大きな動きや，視線で注意をコントロールするミスディレクション

な働きをする。たとえば、第7章で学んだように、私たちは多様な解釈の中から自分の予期に従って世界を認識し、それ以外の解釈を思考から排除する性格を持つ。この思考過程を狙った方向に誘導し、その他の現象や解釈に気づかせないのが、ミスディレクションの役割なのである。

　その実践例として、マジックで多用される**フォース（強制法）**というテクニックがある。好きなカードを選ぶように言われた観客が、自分の意志で1枚選んだつもりでも、実はマジシャンの狙い通りに選ばさせられてしまうのがフォースである。この場合も、フォース自体が優れた心理トリックであるのと同時に、トリックのプロセス自体に観客の推論が向かわないように巧みに会話でミスディレクションが行われる。簡単な例では、テーブル上の2枚のカードから「どちらか1枚取ってください」と言って1枚を取らせ、それが意図通りのものであれば「それを選びましたね、では…」と続け、違うカードであれば「あなたはこれを残す選択をしましたね。では…」と続ける。これほど単純な手口は実際にはないだろうが、「1枚取る」という言葉の解釈可能性を利用して演出を進めていく例である。このような選択のトリックは、別名マジシャンズチョイスとも呼ばれる。

　このように、メンタルマジックの世界で用いられるトリックは、本書で扱った認知的錯覚の多くと対応している。マジシャンがさまざまなテクニックを駆使するうえでは、「これから何が起こるかは具体的に言わない」「二度繰り返さない」といった鉄則がある。これに「タネ明かしをしない」を加えてサーストンの3原則という。これは認知における予期の影響が非常に大きいことと関連している。逆に言えば、巧みな話術や演出で、この予期を意図通りに誘導すれば強力なミスディレクションになるのである。

（2）詐欺・悪質商法の心理トリック

　マジシャンがミスディレクションを駆使するのは，いわば観客を「心地よくだます」ためである。しかし，ほとんど同じテクニックを，悪意をもって人をだますために駆使すれば，それは効果的な詐欺や悪質商法の手口となってしまう。

　たとえば，人の解釈を一方向に誘導し，強制していると気がつかせずに，あくまでも自分の意志や好みで選んだと思い込ませて，特定の商品を買わせたり，金を支払わせてしまったりする手口は，メンタルマジックと多くの共通点がある。また，そうした手口は，本書で学んだいくつもの心理的な錯覚の応用でもある（第7章のほかにも，第8章・価値の錯覚，第9章・認知的不協和理論，第10章・回帰の錯誤など）。

　もちろん，私たちは詐欺や悪質商法に全く無防備なわけでなく，用心すべき手口などについてある程度の知識を持っている。にもかかわらず，いざとなると，そうした知識がなかなか活用されない。それは詐欺師たちは，一流のマジシャンと同じように，だましのプロセスに注意を向けさせないテクニックを多用するのも一因である。たとえば特殊詐欺では，時間的に切迫させたり，感情的な揺さぶりをかけたりすることで利用可能な注意資源を限定的なものにしてしまう。こうして相手が余裕をもって考えをめぐらせたり，状況を冷静に認識したりすることを妨げるのである。これは，マジシャンがテンポのよい会話と舞台演出で，観客の注意を狭い範囲に限定してしまうのとよく似ている。

　それでは，こうした詐欺や悪質商法の被害を減らすためにはどうすればいいのだろうか。

　ここでヒントになるのは専門家のスキルである。心理トリックが詐欺被害を引き起こすのと同じく，本章で紹介したこうしたさまざまな

変化の見落としは，たとえば空港の手荷物検査や医療画像の診断の場面で生じると非常に深刻な事態を引き起こしかねない。こうした見落としは認知の基本的なメカニズムの中で自然に生じるために克服することは容易ではないが，これらに従事する専門家は比較的精確に対象を検出できることが報告されている。これは，専門家が標的となる重要な情報に適切に注意を向けるスキルや態度を身に付けているためと考えられている。これと同じく，詐欺や悪質商法がどのような情報を隠したり操作しようとしているのかを知り，それぞれの場面で考えるべき重要な情報に注意を向けられるようにしておくことがまず大切である。そのためには，人の注意をコントロールしようとする心理的プロセスを理解しておく必要がある。ただし，それらの理解は，具体的な状況や文脈に応じて引き出せる精緻化された利用可能性の高い知識やスキルになっていなければならない（最終章の「批判的思考」を参照）。加えて，マジックの心理トリックによって自分のだまされやすさをリアルな体験として理解することは，詐欺や悪質商法の被害を防ぐために一定の効果が期待できるだろう。本章の放送では，マジックを生かして詐欺や悪質商法の被害を防ぐための啓発講演活動を行っているプロマジシャンの小石至誠氏（ナポレオンズ）による見事なマジックを紹介する。

■学習課題

　あなた自身（もしくは家族友人など）が，実際に詐欺や悪質商法にだまされそうになった経験を書き出してみよう。そこで，相手はどのようなミスディレクションを駆使して，あなたの注意を誘導しようとしたのか，相手の意図と手口を分析しなさい。また，その詐欺や悪質商法は，他の章で学んだどんな心理的な錯覚と具体的に対応している

のかリストアップし，その被害を減らすための注意点について列挙してみよう。

参考文献

河原純一郎・横澤一彦（2015）．注意　選択と統合　勁草書房

熊田孝恒（2012）．マジックにだまされるのはなぜか　注意の認知心理学　化学同人

マクニック, S. L., マルティネス-コンデ, S., & ブレイクスリー, S.（著），鍛原多惠子（訳）（2012）．脳はすすんでだまされたがる マジックが解き明かす錯覚の不思議　角川書店（Macknik, S. L., Martinez-Conde, S., & Blakeslee, S.,（2010）. *Sleights of Mind. What the Neuroscience of magic reveals about our everyday deceptions.* Henry Holt and Co.

引用文献

Levin, D. T., Momen, N., Drivdahl, S. B., & Simons, D. J.（2000）. Change blindness blindness : The metacognitive error of overestimating change-detection ability. *Visual Cognition, 7,* 397-412.

村越琢磨・長田佳久（2000）．変化の見落とし研究の展開と今後　立教大学心理学研究, 50, 87-95.

Rensink, R. A., O'Regan, J. K. & Clark, J. J.（1997）. To see or not to see: The need for attention to perceive changes in scenes. *Psychological Science, 8,* 368-373.

Simons, D. J., & Chabris, C. F.,（1999）. Gorillas in our midst: sustained inattentional blindness for dynamic events. *Perception, 28.* 1059-1074.

Simons, D. J., & Levin, D. T.（1998）. Failure to detect changes to people during a real-world interaction. *Psychonomic Bulletin and Review, 5,* 644-649.

（179 ページの間違い探しの正解）　中央建物の右側煙突の数，正面最上階の窓の有無，正面建物右手一階の窓の有無。

12│原因と結果をめぐる錯覚

菊池　聡

《**目標＆ポイント**》　出来事の間にある因果関係を理解することは，私たちが世界を把握し，将来を予測するうえで有益な情報をもたらしてくれる。だからこそ，私たちは，意図的にも，無意識のうちにも，さまざまな手がかりを活用して因果関係の推論を行っている。本章では，人の行動がどのような原因で引き起こされているのかを特定する原因帰属推論と，そこで生じる認知的錯覚に着目する。こうした原因帰属推論は，単に他人の行動を理解することにとどまらず，自分自身の考え方や行動を理解することにもつながり，また精神的な健康を維持するうえでも影響がある。次いで，私たちの感情の原因帰属をめぐる情動二要因理論を取り上げ，感情が認知的な錯覚に左右されることを理解する。
《**キーワード**》　原因帰属，分散分析モデル，基本的帰属錯誤，行為者観察者効果，内集団バイアス，情動二要因理論

1．物事の原因は心理的に決定される

（1）「原因」とはいったい何だろうか

　私たちは，複数の出来事の間に因果関係があることを認識し，その連鎖にもとづいて世界を理解している。たとえば料理の手順とか風邪の予防といった身近で日常的なことから，大事故や国家間の争いに至るまで，出来事の間には，さまざまな原因と結果のつながりがある。因果関係を正しく認識することは，現実の的確な理解や記憶を促し，将来をより正確に予想しコントロールすることを可能にするだろう。

　では，「原因」とは，そもそもどういう意味なのだろうか，と考える
と，それは思ったほど単純な概念ではないことに気がつく。
　国語辞典によれば，原因という語は次のように説明されている。

1. *ある物事や状態をひき起こしたもと（として働くこと）*
2. *着目する事柄 B に対し，それに時間的に先立つ幾つもの事柄のう
　 ちの，ある（一つとは限らない）A が起こらないまたは無いとす
　 れば B も実現しないだろうと思われる場合に，A を B の「原因」，
　 B を A の「結果」と言う。*

（『岩波国語辞典』一部抜粋）

　この一般的な定義に従うと，ある出来事の「原因」とは，簡単に一
つに定められるものではないことがわかる。というのも，出来事を引
き起こす原因はたいてい複合しているだけでなく，その原因にもそれ
を引き起こす原因があり，またそこにも原因があり，というように，
直接的なものから間接的なものまで何重にも原因がありうる。交通事
故でケガをしたなら，そのケガの直接的な原因は「車にぶつかったこ
とだ」といっても納得できない。なぜぶつかったのかといえば，路上
に飛び出したのが原因で，その原因は自分の不注意で，なぜ不注意だ
ったかというと寝不足だったからで，と続くとすると，法律的な原因
の評価はまた別として，いったいどの段階を真の原因とすればいいの
だろうか。
　そして，原因を理解するうえで重要なポイントは，原因という概念
が辞書どおりに「それがなかったら結果は起こらなかったもの」だと
すれば，こうした意味で原因となりうることは，実は無数に考えられ
ることなのである。たとえば，あなたが放送大学を受講している原因

は，と考えたとき，「それがなければ受講していなかった」という意味での原因（必要原因）は，数限りなくあることに気がつくだろう。理屈としては，放送大学が存在する，自分が生きている，といったことも，この意味では原因として捉えられる。この必要原因がすべてそろうという事実が十分原因となって，結果が引き起こされるのである。

「離婚の最大の原因は結婚である。離婚は100パーセント結婚から引き起こされる。結婚しなければ，離婚は絶対に生じない」というジョークは，原因という概念の定義が一筋縄ではいかないことをよく示している。

このように，原因とは，さまざまな意味であいまいで解釈の余地がある概念なのだ。私たちの日々の生活の中でも，ある出来事に対応して，一つの原因が機械的に決定できるわけではない。私たちは，その出来事に関する膨大な数の原因候補の中から，一つ，ないし少数の目立つ出来事を「原因」として選択しているのである。一般に，原因として選択されやすいのは，以前より存在していたものよりあとから発生した出来事であり，突発的で目立つ出来事，自分でコントロール可能な出来事などである。

こうした原因を推測し決定するプロセスは**原因帰属**と呼ばれ，視知覚と似た不良設定問題になっている。だからこそ，そこにはさまざまな思い違いも入り込むのである。

（2）分散分析モデルの考え方

社会的認知研究においては，主として対人場面での原因帰属が扱われてきた。ある人の言動の原因はいったい何なのか，を正しく推論することは，他者を理解し，より適切な社会的行動を選択するうえで，欠かすことができない重要な過程である。

　こうした枠組みで重要な着眼点になるのは，人の行動の原因が内的に帰属されるか，外的に帰属されるかという問題である。**内的帰属**とは，ある行動が，その人の性格や能力，気分，といったその人の内的属性に起因すると考えることであり，**外的帰属**とは，そのときの状況など，本人以外の外部環境に原因があると考えることである。

　この原因帰属の推論においても，第 7 章で取り上げた 4 分割表のようなシステマティックな分析を用いると，より適切な推論が可能となるだろう。第 7 章では雨乞いと降雨という 2 つの変数の共変を 4 分割表で捉えたが，現実の社会，人間関係ではさらにいくつかの観点を考慮しなければならない。ケリーの**分散分析モデル**（ANOVA モデル）では，ある出来事の変化と，それに共変する要素を，対象（実体）による弁別性，状況（時，様態）を通じての一貫性，他の人との合意性という 3 つの次元で捉えることで帰属が行われるとされている。

　たとえば，A さんが一生懸命勉強している原因は，本人の心がけがよいからだろうか，それとも B 先生の授業の指導がよいからだろうか，という例で考えてみよう。

　もし，A さんは，B 先生の授業では勉強するが，別の先生の授業ではサボるというのであれば，対象による弁別性は高くなり，熱心さは B 先生の指導に外的に帰属される。さらに，A さんは B 先生の授業であれば一貫して熱心であり，またほかの生徒も B 先生の授業になら熱心に取り組むというように合意性も高ければ外的帰属は強くなる。しかし，もし A さんは他の先生の授業でも変わらず一生懸命なのであれば，弁別性は低く，勉強熱心は本人の動機づけや性格などに内的帰属されるであろう。同じく，他の生徒は B 先生の授業に熱心でないというように合意性が低ければ，これも A さん特有の内的な要因に帰属されやすくなる。

このように，出来事の共変関係をボトムアップ的な手がかりとして原因帰属を捉える考え方は，要因を分解して影響力を評価する統計手法である分散分析と共通するために，原因帰属の分散分析モデルと呼ばれている。

こうしたシステマティックな原因帰属は，相手の行動や状況に関する情報が豊富で，系統的な観察や論理的な推論を十分に行うことができれば，非常に合理的に行われるだろう。その意味で，原因帰属における規範的な推論モデルとされている。ケリーは，このほかにも，割り増し原理や割引原理という形で，推論に影響を与える要因を指摘しているが，詳細は参考文献を参照いただきたい。

（3）原因帰属のバイアス

現実の日常生活の中での原因帰属は，分散分析モデルと異なって，非常に限られた情報を手がかりに行わなければならない。また，十分な情報があったとしても，私たちが非常に簡略化された推論に頼ることは第7章や第8章でみたとおりである。そうした状況下での原因帰属推論では，特定の原因を不当に重視したり見落としたりするバイアスがかかる。これは正しい知覚がゆがめられるという意味での錯覚ではないが，そのために，不適切な因果関係を見い出してしまうことがある。これは広義の錯覚の一つと考えられるだろう。

原因帰属のバイアスの中でも最も一般的にみられるのが，**基本的帰属錯誤**である。これは，他者の言動の原因を考えるとき，外的な環境の影響力に比較して，その人の性格や能力，動機づけといった個人的な要因を過大に評価する一般的傾向を指す。たとえば，ある人が放送大学を受講しているのは，向学心があったからだとは考えるが，放送大学生の募集があったからだとはあまり考えないだろう。このバイア

スは，無数にありうる外的・状況環境要因を考慮するより，一番目立つ人そのものが原因と考えるほうが認知的に楽であるという点から説明できる。

　しかし，目立つ対象は立場によって異なるために，他者の行動と自分の行動では，異なる帰属のバイアスがかかる。これは**行為者観察者効果**と呼ばれ，ある行為を行っている者には，その外的な原因はよく見えているのに対して，観察者からはその人の行動だけが見えているという認知の違いに起因する。

　たとえば，たびたび授業に遅刻してくる人がいた場合，遅刻してきた本人（行為者）には，遅刻する状況原因（たとえばバスが遅れたとか，目覚ましが鳴らなかったとか）が，見えている。しかし，遅刻してくるところしか見ていない周囲の人（観察者）にはそれがわからない。そのため，「時間にだらしない人」という性格的な特性に内的帰属させやすい。逆に自分が遅刻したときには，やむを得ない外的な事情を十分了解しているので，自分のだらしなさのせいとは考えないであろう。

（4）原因帰属の自己高揚・自己防衛バイアス

　行為者観察者効果のために，他人の行為は内的原因に帰属させやすいのに対して，自分が行為者のときには外的原因に帰属させやすくなる。しかし，行為が成功のような好ましい出来事か，失敗のような好ましくない出来事か，という区別を考慮すると，さらに相違がみられるようになる。

　つまり，自分にとって好ましい出来事は環境のせいとは考えずに内的に帰属し，逆に自分の失敗は外的に帰属させるバイアスが生じるのである。前者は自己高揚バイアス，後者は自己防衛バイアスと呼ばれ

る。このバイアスのために，たとえば試験で高得点を取れば努力のたまものだと考え，失敗したときは，問題が難しすぎたとか運が悪かったといった外的要因に帰属させるだろう。このように自分に都合よく帰属をゆがめる傾向は，総称して**自己奉仕バイアス**とも呼ばれる。こうしたバイアスを働かせて，私たちは自己評価を高く維持し，失敗による落ち込みを防いでいるのである（第14章参照）。

　自己奉仕的なバイアスは，個人だけに起こるのではなく，集団の間でも起こる。たとえば自分の所属するクラブや団体などの構成員に，高い評価を与えたり，好意や協力をもって接する傾向は**内集団バイアス**と呼ばれる。これは小さな仲間関係から，国同士の対抗関係まで，ほぼあらゆる集団で共通してみることができる。また究極的帰属錯誤とは，外集団のメンバーが成功した場合は状況に外的帰属し，失敗した場合には本人の特質に帰属させる傾向である。内集団メンバーではこれが逆になる。

　この自己奉仕バイアスが関係している錯覚に，**フォールス・コンセンサス効果（合意性推測の過大視）**がある。これは自分自身の判断，意見，選択は，比較的一般的なものであって多くの人も同じ考えを持つとみなすバイアスである。たとえば，ある人の意見を尋ねたうえで，その意見を持っている人がどの程度いるかを推測させると，そこに過大視が生じる。この効果には，自分の意見や行動を正当なものにしたい自己奉仕的な動機要因だけでなく，行為者観察者効果のように本人が接触したり注意を向けている情報が入手しやすいものに偏っているという認知的要因も働くと考えられている。

2. 原因帰属スタイルと心身の健康

（1）原因帰属を改善する

　原因帰属と心身の健康の関連を体系的に理論化したのが，抑うつに関する**改訂版学習性無力感理論**である。セリグマンは，イヌや人にストレスを与える実験を通して，自分の行動で環境を統制ができないという経験を繰り返すと，行動と結果の随伴性が失われ，それが抑うつを引き起こすという学習性無力感理論を提唱した。何をしてもむだだという無力感を学習すると，将来を自分の力で変えられないという統制不可能性の予期が形成され，動機づけが低下し，自分を低く認知し，不安や抑うつ症状に至ると考えられたのである。

　しかし，セリグマンらの実験では，こうした統制不可能な事態をたびたび経験しながら，無力感に陥らなかったり，すばやく回復したりするといった個人差がみられることが指摘された。そこで無力感に陥りにくい個人特性が検討された結果，そこには原因帰属のスタイルに違いがあることが見いだされ，これが改訂版学習性無力感理論としてモデル化されたのである。

　この理論では，原因帰属を，内的か外的か，安定的か一時的か，全体的か特殊的か，の3つの次元で捉える。安定的——一時的という次元は，原因が習慣的，永続的かどうかを表し，全体的—特殊的とは，原因がその場面以外にもさまざまな場面で関与するかどうかを表す。この枠組みから，セリグマンは抑うつに陥りやすい人には，特有の悲観的な原因の説明スタイルがあるとした。

　悲観的説明スタイルを持つ人は，統制不能な事態や自分の失敗を内的で安定的で全体的な要因に帰属させる。たとえば，自分が恋人にふられたのは，自分に魅力がないからで，将来もきっとうまくいかず，

表 12-1　楽観的・悲観的説明（帰属）スタイルの違い

楽観的帰属		悲観的帰属	
成功	失敗	成功	失敗
内的	外的	外的	内的
安定的	一時的	一時的	安定的
全体的	特殊的	特殊的	全体的

自分は何をやってもダメなんだと考えるのが悲観的帰属である。楽観説明スタイルを持つ者は，同じことでも，相手に見る目がなかっただけで，たまたま，その異性に対してのみ相性が悪かったという対照的な考え方をする。同じく，成功した場合でも，両者の原因帰属の傾向は全く対照的なものになる（表12-1）。

　悲観的説明スタイルは，ネガティブなことが自分自身に起因し，それをコントロールできないと考えてしまうので，将来の予測もネガティブに偏り，動機づけや自尊心の低下，感情や認知の障害といった無力感予期抑うつという症状につながっていくのである。ただし，この3つの次元の影響力は状況や対象によってかなり変化がみられ，特に日本人の場合，失敗を自分の内的な要因に帰属させる自己卑下的なスタイルは，必ずしも無力感に結び付かないという知見もある。

　抑うつの原因を認知的な推論のバイアスに求める考え方は，その後の認知行動療法の発展に大いに貢献することとなった。

3. 感情の誤帰属

（1）悲しいから人は泣くのか

　私たちは，自分の感情状態と身体の生理状態に関連があることを経験的に知っている。これを因果関係として捉えるならば，恐怖を感じたときは冷や汗をかき，緊張のあまり心臓がドキドキし，悲しみが高

ぶって涙を流す，と考えるのが普通だろう。つまり，情動が原因となって，身体的，生理的な喚起状態が生じるという因果関係である（心理学では一時的で動的な感情体験を情動と呼ぶ）。

　一方で，19世紀末に唱えられたジェームズ・ランゲ説では生理的な喚起が先にあって，そこから情動が生じるとした。つまり，まず急激に背筋が凍るような身体の反応が起こり，それが恐怖として認識されるという考え方である。この情動の末梢起源説は広く受け入れられたが，これに批判的なキャノン・バード説では情動の中枢起源説が唱えられて活発な論争が行われてきた。

　近年の脳研究の進歩から，脳内での感情中枢の働きが明らかにされてきたが，その一方で顔面フィードバックを用いた研究成果などから，末梢起源説も見直されつつある。これらの研究では表情筋の反応が脳にフィードバックされて，情動の形成に影響を与えていることが明らかにされた。たとえばペンを口にくわえさせるなどして，本人が気がつかないうちに笑顔のような表情を作った参加者は，実際に読んでいるマンガの内容をよりおもしろいと評価する傾向を示したのである（Strack, Martin, & Stepper, 1988）。

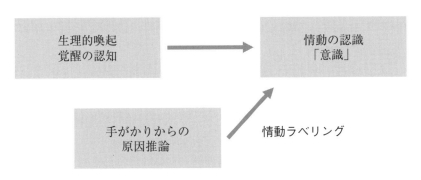

図 12-1　情動二要因理論の基本的な考え方

　自分の感情は自分にとってあまりにも自明の状態であるために，こうした意外な因果があることになかなか気がつかない。情動の生起をめぐる諸研究からわかるのは「自分のことは自分が一番よくわかっている」という実感こそが，一種の錯覚かもしれないということだ。特に，シャクターらによって提唱された**情動二要因理論**（Schachter & Singer, 1962）は，情動の成立に認知的な原因帰属推論が重要な役割を果たすことを指摘している。

（2）情動二要因理論

　情動二要因理論では，まず刺激による生理的喚起（の認知）があって，そこから情動の認識が生じると考える。ただし，ジェームズ・ランゲ説のように生理的喚起そのものから自動的に対応した情動が引き出されるわけではない。その喚起の原因推論が無意識的（潜在的）に行われることによって，感情の適切なラベルづけが行われる過程が必要なのである（図12-1）。つまり，喜怒哀楽といった情動の種類はさまざまであっても，それと対応した発汗や心拍の増加，手足の緊張といった生理的喚起の状態はよく似ている。であれば，主観的に感じる情動，感情とは，単独では原因のはっきりしない生理的な変化に，状況要因を手がかりに「悲しみ」「喜び」「愛情」などのラベルづけをする作業と考えられるのである。

　このモデルに従えば，生理的喚起が認知されていても，正しい原因推論が行われずに，適切な情動ラベルが貼られなければ，私たちには誤った情動が認識されることになる。そうした錯覚を明確に示した例が，多くの心理読み物で取り上げられるつり橋実験である（Dutton & Aron, 1974）。

　この実験では，とてもスリリングなつり橋をまさに渡ってきた男性

か（高恐怖条件），まだ渡っていないか，渡って時間のたった男性（低恐怖条件）を対象に行われた。彼らは，魅力的な女性の実験者に，絵を見てストーリーを考えてもらう実験に参加を依頼された。実験を終えたあと，渡された女性の電話番号にかけてきた割合が高かったのは，高恐怖条件のほうであった。この結果は，つり橋を渡ってまさに生理的に高い喚起状態にあった男性にとって，目の前に現れた魅力的な女性が明確な推論手がかりとなったために，自分の喚起状態を女性への好意に誤帰属させたと解釈される。

このつり橋効果は，しばしば一般向けの本では，「デートコースにはジェットコースターやオバケ屋敷がいい」という話で紹介される。もともと関係のない恐怖による生理的喚起であっても，推論手がかりが適切であれば，相手に対する好意を強める効果が期待できるのである。

このように，自分の感情とは認知的な推論によって成り立つものであり，それはさまざまな手がかりによって左右されてしまうということを情動二要因理論は示している。

この理論の主要な要素は図 12-1 の図式に示したとおりだが，これら要素それぞれに特有な錯覚が起こることが報告されている。たとえば，実際には生理的喚起が起こっていなくても，起こっていると思い込む「覚醒の認知」があれば，情動が生起する。ヴァリンズの研究では，実験参加者の男性に女性のヌード写真を見せる際に，自分の心音が高まるかのようににせのフィードバックを与えるだけで，その写真に対する好意が上昇することが示された（Valins, 1966）。また，不眠症の実験参加者 2 群に対して，副作用として興奮作用があると説明して偽薬を服用させたほうが，鎮静作用があってリラックスしてよく眠れるはずだという説明をして偽薬を服用させた場合よりも，入眠が早くなるという逆偽薬効果も報告された（Storms & Nisbett, 1970）。これは，不眠症

者がベッドで感じる覚醒状態が薬のせいだと誤帰属されることで，不安や焦りといった眠りを妨げる感情が経験されなくなる効果と解釈された。

　情動二要因理論は，その後の研究によっては，必ずしも強力に支持されているわけではない。しかし，感情経験が認知的な推論の過程に強く影響されることを示した点が高く評価されている。

　また，こうした情動と認知を巡る諸研究が示しているのは，自分自身の感情は，自明のものとして湧いて出るのではなく，あたかも他人の感情状態を推測するかのように，さまざまな手がかりから推論され経験される，という私たちの常識に反するような事実である（この点はベムの自己知覚理論が参考になる）。

　「自分の気持ちに正直に」という言葉からうかがえるように，感情は余計な思考を排除した純粋なものだと考えられる傾向がある。しかし，それは錯覚なのかもしれない。

■学習課題
　同じ対象に繰り返し接するだけで，その対象に関する好意が高まるという現象は，単純接触効果として知られている。この好意の上昇も，一種の誤帰属による錯覚だと考えられている。どのような認知が何に誤帰属されると考えられるだろうか。具体的な例に即して考えてみよう。

参考文献

下條信輔（1996）. サブリミナルマインド　中央公論社

セリグマン, M.（著）, 山村宜子（訳）(1994). オプティミストはなぜ成功するのか　講談社（Seligman, M.（1990）. *Learned Optimism*. Knopf.）

ピーターソン, C., マイヤー, S. F., & セリグマン, M.（著）, 津田彰（翻訳）(2000).

学習性無力感—パーソナル・コントロールの時代をひらく理論　二瓶社（Peterson, C., Maier, S. F., & Seligman, M. E. P.（1995）. *Learned Helplessness : A Theory for the Age of Personal Control*. Oxford University Press.）

引用文献

Dutton, D. G., & Aron, A. P.（1974）. Some evidence for heightened sexual attraction under conditions of high anxiety. *Journal of Personality and Social Psychology, 30*, 510-517.

Strack, F., Martin, L., & Stepper, S.（1988）. Inhibiting and facilitating conditions of the human smile : A nonobtrusive test of the facial feedback hypothesis. *Journal of Personality and Social Psychology, 54*, 768-777.

13 | 科学的思考と錯覚

菊池 聡

《**目標＆ポイント**》 本章では応用編として，「科学」の錯覚を取りあげてみよう。科学の歴史を振り返ってみれば，あいまいなデータの中から本来存在しなかった「何か」を見いだしてしまったり，その結果，非科学的な言説が「科学的だ」と思い込まれてしまったケースはしばしば見られる。そして，そこにはいくつもの心理的錯覚が影響を与えている。たとえば血液型性格判断を信じる心には，対人認知や自己認知における数々の認知的錯覚が働いている。人は，あいまいな性格描写を自分のことを言い当てていると思い込み，また多くの情報の中から当たっている情報のみを見つけ出してしまうのである。

　一見すると科学的な主張であるかのように装いながら，実は科学とは言いがたい言説は疑似科学と呼ばれる。疑似科学における誤信念は，他の章で見た錯誤や迷信と同じように，認知的錯覚の影響から形作られ強化されていく性質を持っている。たとえば疑似科学の兆候の一つである「反証可能性のない」主張は，多くの現象を明快に説明できるものと受け取られるが，実際には科学的な説明にはなっていない。本章では，疑似科学の理解を通して，錯覚を抑制するための科学的な思考と方法論について理解する。

《**キーワード**》 血液型性格判断，バーナム効果，疑似科学，境界設定問題，反証可能性，アドホック仮説，立証責任の転嫁

1. 性格の錯覚と血液型性格判断

（1）自分の性格に関する錯覚

　ABO 式血液型を手がかりに，人の性格や相性，職業適性などを幅広く見分けられると主張する**血液型性格判断**は，現在の日本で広く受け

入れられている。大きなブームとなった頃よりは少なくなっているものの，各種の調査ではほぼ3割前後の人々が血液型性格判断を肯定的に捉えているようだ。しかし，心理学や生理学分野での研究からは，血液型性格判断の正しさを明確に示すような信頼性の高いデータは得られておらず，その一方で疑問を投げかけるデータは多く蓄積されている。たとえば縄田（2014）は，日米の大規模な社会調査データを精査し，血液型と性格の間の無関連性を明らかにしている。もちろんそれらは血液型と性格の間に「何の関連もありえない」ことにはならないが，現時点では，血液型で性格や適性を見分けられるという説は科学的に支持されないというのが妥当な結論である。日本心理学会に所属する研究者を対象とした調査では，「社会に受け入れられている疑似科学的な心理学の実例」として，271名中180名が血液型による性格判断を挙げている（菊池，2018）。

　心理学の研究者たちは，こうした血液型による性格分類がなぜ信じられるのかについて多くの研究を行ってきた。そこで指摘されたのは，人の行動を観察すると血液型が当てられると思うし，血液型がわかると行動が理解できるように感じられるといった「的中感」が強く影響していたことであった。血液型性格判断は素朴な「思い当たるフシがある」という錯覚に支えられているのである。

　性格描写の的中感は，対人認知や自己認知における認知バイアスと関連するもので，血液型だけでなく占いや心理テストなどで広汎にみられる。特に自分の性格で生じる的中感は**バーナム効果**（もしくはフォアラー効果）として知られている。性格や運勢に関するあいまいな言明は，その真偽に関係なく，自分のことを言い当てていると感じられてしまうのである。たとえば，「あなたには寂しがり屋のところがある」「集中力にむらがある」「現実的な面とロマンチックな面を合わせ持

つ」などと言われれば，どんな人でも少しは心当たりがあるだろう（表13-1）。人はいろいろな性格特性を少しずつ備えており，多様な場面や状況に応じてさまざまな行動や心理状態を体験する。そして，「あなたにはこういう面があるでしょう」と確認を求められれば，自己に関する利用可能な記憶の中から確証的な適合例を見つけ出し，さらにはあいまいな状況を確証的にゆがめて解釈してしまうのである。また，こうした占いでは「…もあるが，反面…」「時には…で，一方…のときもある」など，的中の錯覚を増幅させる表現も多用されている。

　血液型性格判断を批判的に研究した大村（1998）は，血液型性格学の性格描写が誰にでも当てはまることをフリーサイズ効果と呼んだ。加えて，そう言われるとそう思えるというラベリング効果，言われたとおりに思い込んでしまうインプリンティング効果を合わせて FBI 効果と称し，血液型性格判断を信じるメカニズムを整理した。

表 13-1　バーナム効果の研究に使われた，誰にでも当てはまるように思える文章例

・あなたは他人から好かれ，賞賛されたいと願っています。
・あなたは自分自身に対して批判的な傾向があります。
・あなたにはまだ利用されていない能力があります。
・あなたは性格的に弱点もありますが，大抵それを補うことができます。
・あなたは現在，性的な適応に関する問題を抱えています。
・あなたは外面は自律的で，自己管理しているようにみえますが，内面的には心配性で，不安定な傾向もあります。
・時々，あなたは自分の決断や行動が正しかったのかどうか，深刻に悩むことがあります。
・あなたはある程度の変化と多様性を好み，禁止や限定を加えられると不満を覚えます。

　他方，欧米では占星術を巡って同じように研究が行われている。フランスのゴークランは，新聞誌上でホロスコープ診断の希望者を募り，申し込んだ人たちに誕生日にもとづく個別の性格診断を送付した。そして，その診断がどの程度当たっていたかの評価を求めたところ，151名の回答者の94％が，その診断は自分を正しく記述していると答え，あまりの正確さに驚いたという感想も多く寄せられた。しかし，ゴークランは全員に全く同じ診断を送付しており，しかも有名な犯罪者のホロスコープだったというオチもついている。

（2）対人認知における錯覚

　的中感が誤信念を成長させる過程は，第7章で学んだフィードバックループそのものである（124ページ）。人は，多様であいまいな現実の中から自分の予期に合った情報のみを知覚，記憶し，また情報を都合のよいように解釈し，信念を補強し強化するループを形成する。

　この確証過程に注目した坂元（1989）の実験では，最初に，ある女子学生について記述した長文を実験参加者に読んでもらった。この文では，女子学生の性格についてさまざまな表現が使われ，どのようにもとれる玉虫色の表現になっていた。そして，参加者の片方の群では「その学生の特徴がいわゆるA型の性格にどれだけ合っているか」の評価を行ってもらい，もう片方では「B型にどれだけ合っているか」の評価をそれぞれ行ってもらった。つまり，それぞれA型とB型という予期を形成したのである。その結果，全く同じ文章を読んだにもかかわらず，A型予期群は，女子学生がよりA型的だという印象を報告した。また，その印象判断の根拠について調べてみると，玉虫色の記述文の中から，A型予期群はA型的な特徴に注目し，B型予期群ではB型的な特徴に注目していたことがわかった。しかも，この予期の影響は，

血液型性格学を肯定的に捉えている実験参加者で，やや強く表れたのである。さらに坂元は一連の研究を行って，血液型予期に合致した特徴が思い出されやすいことや，読む文章を長くして選択的な情報利用の余地を大きくすると，血液型ステレオタイプ的な判断が強くなることなども明らかにしている。

（3）何が問題なのか

　血液型性格判断に関する一般向けの書籍には，スポーツ選手や政治家に多い血液型といったデータが記載されている場合がある。しかし，こうした一見客観的証拠のようにみえるデータには，大抵の場合，血液型による差を強調するさまざまな統計上のトリックが使われている。たとえば，第10章で学んだサンプリングのバイアスを利用して，仮説に肯定的な例のみを取り出し，ほかを見せない手法が代表的なものだ。こうした血液型性格判断に見られる統計の誤用は，調査統計の初学者が意図せずとも陥ってしまうものが多く，その意味で非常に学習の参考になる。そのため大学の心理データ分析実習や社会調査法の教材に使われているケースも多い。

　ただ，血液型性格判断はただの占いにすぎず，楽しめばよいものなのだから，その科学的根拠をうんぬんすることをやぼと考える人もいるだろう。しかし，現在の日本では血液型性格判断を，単なるお遊びではなく，実証的な根拠があるかのように受け取る人もいる。その結果，遺伝的に決まる血液型をもとに，根拠のない枠組みで，人間関係や人の能力が評価され，極端な場合は，職場の人事や処遇が影響を受けるケースがある。特に，血液型による性格表現はB型やAB型などの少数派に不快な決めつけとなることが多く，ブラッドタイプ・ハラスメントと呼ばれる問題を引き起こしていることは覚えておきたい。

2. 科学的であるという「錯覚」　疑似科学の見分け方

（1）科学と疑似科学の境界

　血液型性格判断や占星術だけでなく，超能力や心霊現象，UFO のように，現代の科学知識や自然法則に反しているにもかかわらず一定の人々に信じられている現象は，不思議現象や超常現象，オカルト現象など，さまざまに呼ばれている。また，心理学では，こうした対象への肯定的な信念は，一種の非合理信念として**超常信奉（超常信念，paranormal belief）**と呼ばれ，その発生や成長の過程が研究の対象となってきた。

　超常信奉の対象をおおまかに分類すると，習俗や伝承，宗教的教義に由来するスピリチュアルなものと，観察や実験などの経験的事実をもとにしたものがある（図13-1）。後者の中でも，外見が科学的主張の要素を備えるものが**疑似科学（pseudoscience）**と呼ばれる。pseudo とは「偽りの」という軽蔑的な含意のある接頭辞である。図13-1のように，こうした超常信奉のとらえ方には，超常的な現象そのものだけでなく，社会的な文脈をはじめとした数々の考慮すべき要素がかかわっている。

　疑似科学はしばしばニセ科学やトンデモ科学とも呼ばれるが，これらは人をだますために意図的にでっち上げられた詐欺科学とは限らない。錯覚という観点から興味深いのは，あくまでも正当な科学のつもりで取り組まれながら，その過程で科学から逸脱してしまった疑似科学である。本章ではこの意味での疑似科学を主として取り上げる。こうした性質を持つ科学研究は「病的科学」とも呼ばれ，人の認知特性とデータの性質についての理解不足から，通常の科学研究の中でも発生しうる誤った科学と位置づけられている（ラングミュア，1990）。

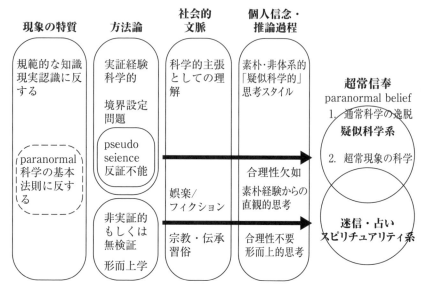

図 13-1　超常信奉の対象や過程の違い

　日本でポピュラーな疑似科学の主張としては，マイナスイオンや血液型性格学，ゲーム脳といった身近なものから，超能力（E. S. P.）や死後生存を扱う超心理学，超常的な力での治療を唱える一部の代替医療，地震雲による地震の予知（宏観異常予知）などがある。また，広くUFOや心霊現象も含む場合がある。アメリカでは創造科学やID論の影響力が強い。一般市民に，広く「疑似科学と思うもの」を尋ねた調査では，健康や美容の効用をうたうサプリメントや，特殊な効能を持つ「水」などの医療健康商品が上位に挙げられている（菊池・佐藤，2019）。また，心理学専門家に対する調査では，母性神話や3歳児神話といったものも疑似科学として指摘されている（菊池，2018）。

　このように列挙すると，疑似科学は科学的に否定された怪しい主張

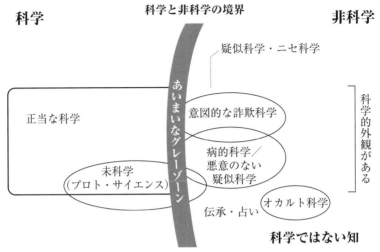

図 13-2　科学と疑似科学をめぐる概念図 （菊池，2012）

を扱うように受け取られかねないが，疑似科学は対象によってのみ決まるのではなく，図13-1にも示したように方法論や社会的文脈も関わる複雑な概念と言える。したがって，霊の存在や血液型と性格の関係を対象としただけで疑似科学というわけではない。

　疑似科学も正当な科学と同じように，観察や実験による客観的・経験的データをもとに，合理的な推論を行い，公共性のある普遍的な法則や知識を説明する（ようにみえる）。しかし，疑似科学は，その過程で科学的方法論を正しく適用できていない。にもかかわらず，自らを強固に科学として正当化しようとする。そして，不十分な証拠をもとに（しばしば他の科学的知見と矛盾しながらも，否定的研究を無視する態度を見せながら），主としてアカデミックな学術研究の場ではなく，一般市民向けの商品展開などで主張されることが多いという特徴がある。

　疑似科学は誤った結論を出すが，それは結果にすぎない。正当な科学ももちろん間違える。むしろ科学の歴史は失敗の歴史である。その時代における知識や技術の制約の中で最善の努力をしながらも，結果として誤っていたことは数知れない。一方，疑似科学は，間違いであることにその本質があるのではなく，その時代の知識のさまざまな制約の中で，信頼できる方法論があるのにそれを使わず，また新しい知識を受け入れず，誤りを許容して再生産する構造を持つところに特徴がある（伊勢田，2011）。

　一方，この疑似科学と類似した概念に未科学（プロトサイエンス）がある。これはその時点での最善の科学的方法論で研究されていながら，未解明のファクターが多いために知識が十分に確立していないものだ。疑似科学と未科学はどちらもよく分かっていないことや否定されていることへの科学的主張であることから混同して同じものと考える人もいる。しかし，疑似科学はその時点での知識よりも，知識探求の方法論に構造的な問題があり，未科学とは異なるものだと考えるべきだろう。

（2）疑似科学の方法論　反証可能性をめぐって

　科学ではない「知」だからといって，そこに価値がないとか無意味だと考えるのは不適切である。ただし，科学を装いながら，その実は科学ではない主張をいかに見分けるかという点は，現代の社会にとっても重要な問題となりうる。

　科学と非科学の間に線引きを行うことを，科学哲学では**境界設定問題**と呼ぶ。結論から述べれば疑似科学と科学の間はグレーゾーンがあって，唯一絶対の見分け方は存在しないと考えられている。しかし，その境界を見定めるために，いくつかの有効性の高い規準が提唱されている。なかでも代表的なものが，科学哲学者カール・ポパーによる

反証可能性の規準である。ポパーの論では，科学的な理論や仮説は反証可能性を持たなければならず，反証が不可能なものは，いかに科学のように見えても科学ではないとした（ポパー，1972，1973）。これは，後の科学哲学に大きな影響を与えた重要な理論として知られている。

　「反証可能性を持つ」とは，証拠によって間違いが証明できる見込みがある，ということだ。これは実際に間違っているかではなく，こういう結果になれば仮説が間違いだったとわかる「可能性」が事前に認められる，という意味である。

　たとえば「明日は，晴れるか曇るか雨か雪か，いずれかが起こるだろう」という仮説には反証可能性がない。明日になれば客観的データでテストできるという意味では，見かけは科学的な仮説である。しかし，どんなデータをもってしても，仮説が間違っていることの証明は不可能だ。同じように，「占いは，当たることがある」という主張も，どういう事実を持ってきても，正しさが確認できてしまうだろう。

　反証不能な言明は，新しい知識をもたらさず，情報量としてはゼロなのである。一方で，科学的仮説は否定されるリスクがあり，ポパーによれば，高い反証リスクを負う理論こそ優れた科学理論ということになる。

　ポパーにその疑似科学性が批判されたのは，フロイトの精神分析やこれに連なるアドラーなどの深層心理学，マルクスの歴史理論などであった。精神分析の理論では，人の心の深層にはふだんは意識できない無意識の世界が広がっていて，そこでは幼児期の心的外傷体験や，性的・攻撃的衝動をはじめとしたさまざまな記憶や感情などが抑圧されているという。ポパーは，この「無意識への抑圧」という概念は反証不能な性格を持つと考えた。たとえば，フロイト理論では，すべての人には同性愛（両性愛）の願望があり，それは発達段階の中で無意

識の底に抑圧されているという。では「あなたには同性愛願望がある」と指摘されたとき，それが反証できるだろうか？　あなたが同性愛者の自覚があれば理論は正しい。同性愛者でなくても，その願望は無意識に抑圧されているのだから反証できない。「自分は同性愛者ではない」と否定するならば，強い否認こそ無意識の願望を認めまいとする自我の働きだと解釈される。つまり，「無意識に抑圧」とか「幼児期の抑圧された記憶」といった概念を用いると，ほとんどどのような人の行動でも説明できてしまうのである。ただ，これは無意識の抑圧が存在しないと言っているのではなく，科学的主張たり得ないという指摘である。

　反証不能性には，理論と態度の2つの側面があり，それらは密接につながっている。前者は，いかなる事実によっても反証できない構造を持つ理論であり，たとえば創造科学では，どんな事実に対しても「神がそう定めたのだ」と解釈できてしまう。また，理論があいまいな言葉や概念で構成されていれば，柔軟な解釈でいかなることも説明できてしまい，結果として反証ができないことになる。

　もう1つの態度としての反証不能性は，否定的な実験データが出たり，既存の科学知識と矛盾したりしても，それらを無視したりゆがめたり拒否したりと，実質的に反証を無効にするさまざまな方法（後述）が駆使され，事実上反証不能になるものだ。

　この反証可能性規準のみで疑似科学を完全に見分けることはできないが，あからさまに反証不能な説明に訴える態度が常習的にみられるのであれば，それは有力な手がかりとなる。そして，注意しておくべきは，反証不能な説明は，いかなる現象も説明できてしまうがゆえに，リアリティーのある正しい説のように錯覚されてしまうことである。

（3）反証を回避する方法

　反証を回避するために，よく用いられるテクニックが，**アドホック仮説**の導入である。アドホック（ad hoc）とはラテン語で「特定の目的のために」という意味であり，特定のデータや現象を説明するだけの目的で，その場限りの「後づけ」でなされる解釈や理論のことだ。これを持ち込めば，いかに自説に不利益な証拠であろうとも，自説を変更する必要は全くなくなるのである。

　たとえば，超心理学の実験研究では，超能力の実在に肯定的なデータが出ることがある。しかし，そんな場合にはトリックや不正が疑われることが多い。これに応じて，超心理学者たちは，監視を厳しくし，時には批判者や手品の専門家も参加させて，情報漏れやトリックの余地がないように管理した実験を行うことがある。すると，それまで超能力を発揮してきた能力者でも，その力をしばしば再現できなくなるケースがよく見られるのである。普通に考えれば，これは超能力を否定するデータと解釈されるだろう。しかし，アドホックな補助仮説として，超能力のような精神の微妙な作用を研究する場に，その能力を疑う観察者がいると，超能力の発現を妨げる超常的な力が作用するという説が唱えられた。これは超心理学の用語で実験者効果と呼ばれる。また，人には超能力を明確に目撃することを回避する傾向もあるとされ，これは目撃抑制と呼ばれる。つまり超能力には，こうしたとらえにくい性質があると解釈することで，一連の研究結果は矛盾なく説明できてしまう。超心理学では，これらに加えて，サイミッシング，転置効果，保有抵抗といった概念で，証拠による反証を回避し，超能力が存在するという主張自体に変更を加えることはないのである。

　ただし，アドホックな解釈を持ち込んで説明すること自体は，正当な科学でもしばしばある。したがって，それが単なるその場しのぎの

ために，常習的に用いられるのか，それとも新しい発見につながる意味のある解釈なのか，といった点を丁寧にみる必要がある。

　反証を避ける手法をもう一つ挙げるとすれば，それは制度としての科学の土俵に乗らないというシンプルなものである。近代科学の発展とともに，科学者たちは，錯誤を排除し，研究成果の確実性を高めるためのルールや仕組みを作り上げてきた。たとえば，新しい研究結果は，利害関係のない同業研究者による審査をパスしたうえで専門誌に発表されなければならない（ピア・レビュー制度）。論文では，ほかの科学者によって発見の確認や研究の再現ができるように，そのデータや手順を公開しなければならない。こうした公共のプロセスを経るなかで，錯誤はふるい落とされていく仕組みになっている。このように，新しい知識をまず批判的に捉えることで，さらに確実な知識にしようとする姿勢を社会学者のマートンは，**系統的懐疑主義**と呼んだ。そして，反証を避けようとする疑似科学は，このプロセスにはつきあわず，一般読者のみに向けて本を出して，マスコミを通じて支持を広めていく戦略をとる。たとえば現在の日本の血液型性格学の主提唱者たちは，性格研究のプロ集団である心理学系の学会で研究成果を議論したこともなければ論文として発表したこともない。こうして反証される機会を徹底的に回避する態度をとるとすれば，それは科学とは呼べない。科学的な客観性とは，科学的方法のもつ社会的・公共的性格によってもたらされるのである（ポパー，1980）。

（4）疑似科学にみられる思考スタイル

　疑似科学を擁護して使われる表現の中でも，思わずもっともらしい言い分だと錯覚しがちなものをみてみよう。

　たとえば，「現在の科学は不十分なのだから，科学でわかっていない

ことは絶対にある。だから，新しい未知の現象の研究を疑似科学だと
批判するのはおかしい」と言う人がいる。この「科学は不完全だ」と
は，文字通りの意味では誤っていないために共感が得られやすいが，
この主張にはあまり意味がない。いかなる科学者も，現在の知識が不
十分だから研究をしているわけであって，その知識が暫定的だと捉え
ている。つまり，これは自明の大前提と考えるべきなのだ。そのうえ
で，個々の主張を吟味しなければならない。この手の不毛の議論に陥
らないためには，科学が不完全だからといって，それが別の主張の正
しさを高めるわけではないことを念頭に置いておこう。加えて，疑似
科学の主張は，しばしば主流の科学を不確実なものだと決めつけるが，
自説はそれよりもさらに不確実な根拠にもとづいている点は無視する
という特徴がある。

　また，「マイナスイオンが健康にいいこと（もしくは血液型と性格に
関係があること，など）は否定できないのだから，本当かもしれな
い。」といった表現もある。これは裏付ける証拠の存在ではなく，否定
する証拠の不在によって正しさを言い募る「無知へのアピール」とい
う論理的な誤謬である。これが一定の共感を得るのは，人の心理が否
定よりも肯定や肯定の可能性を好むバイアスを持つためでもあり，加
えて「範囲を限定せずに，何かを完全に否定することはできない」と
いう鉄則が理解されていないからだ。たとえば超能力にせよ幽霊にせ
よ，絶対に存在しないことを証明することは不可能である。人の知識
や認識が限られたものである以上，その外に何かがある可能性は必ず
残ってしまう。これは科学研究がよって立つ「帰納」という方法の宿
命なのである。

　完全な否定は不可能である以上，何か新しいことが存在すると主張
するなら，その提唱者側はしっかりした立証（挙証）責任を果たさな

くてはならない。新しい説が認められるためには，主張者側が科学の
ルールに沿って十分な質と量の根拠を出すことが必要であり，それが
できなければ，その主張が無効になる。これが科学的な主張を扱う基
本的なルールである

　こうした観点から，心理学者のハインズは「立証責任の転嫁」を疑
似科学の特徴の一つとしてリストアップしている。まず不思議そうに
見える現象を持ってきて「さあ，科学で説明できますか」と要求して，
懐疑側に説明を転嫁してしまうのだ。そしてすべての現象を科学でう
まく説明できないと，自説が立証されたものとみなしてしまうのであ
る（ハインズ，2011）。

　疑似科学を見分けるためには，そこに唯一の規準はないということ
を前提に，かいま見える方法論や態度の特徴を丁寧にチェックする姿
勢が必要になる。疑似科学的なテクニックや方法論がバラバラに使わ
れているわけではなく，反証を避け，自分の信念を守るために，ある
程度系統的に現れてくることに着目しよう。ほかにも疑似科学の主張
では，検証への消極的態度，発見の文脈と正当化の文脈の混同，説明
項の発見と被説明項の発見の混同，事例の過剰な一般化，統計の誤用，
心理的要素の軽視，その時点での最善の方法論の不採用などさまざま
な特徴が見てとれる。詳細は参考文献を参照いただきたい。

（5）錯覚を許容する疑似科学

　疑似科学は，自らを科学的に正しいと思い込む錯覚によって形成さ
れる誤信念と考えると，その特徴がよく理解できる。この錯覚は反証
を受け付けないために訂正されず，都合のよい偏った証拠によって強
化されてしまう。そのフィードバックループ（第7章参照）の中で，
自説の正しさは確信され，誤ったまま体系化・理論化され，やがて強

固な信念に成長する。これが，疑似科学を心理学から捉える枠組みである。

　ただし，反証を避けて予期を確証しようとするバイアスは，そもそも人の知覚から思考まで幅広くみられる基本的な認知傾向の表れでもある。私たちは，こうしたバイアスを働かせて世界を切り取っていることを本書では学んできた。疑似科学も，この認知がもともと備えている傾向と適合性が高いがゆえに，強固で抜きがたい信念となる。

　また，こうした心理プロセスは，疑似科学の主張者側ばかりではなく，私たち，科学の消費者側にも同じように働くことも忘れてはならない。疑似科学を小道具にした詐欺や悪質商法がしばしば問題となるが，そこには確証的なバイアスから自分からだまされに行ってしまう心理過程も働いているのである。たとえば，身近な経験や口コミを解釈するなかで，自分の期待から特定の情報を選択する傾向が見られる。「○○が健康にいい」と聞けば，○○で体調がよくなった例だけに注意を向け，身近にそんな人がいれば喜んで確認し，それをことさら話題にする。よくならない人の例は見落とされ，まだ効果が現れないとか真剣味が足りないと解釈するかもしれない。第 7 章で学んだように，私たちは多様な解釈の中から自分の予期に従って世界を認識し，それ以外の解釈を思考から排除する認知の特性を持っている。特に近年は SNS などのインターネット利用によって，自分の考えを支持する確証情報ばかりに囲まれるエコーチェンバー現象や，特定の情報ばかりにアクセスするフィルターバブル現象が促され，結果として疑似科学やフェイクニュースに騙されやすくなってしまう。これらは疑似科学の消費者側が肝に銘じる点である。

　科学と疑似科学の方法論を見分けるためには，その研究の手続きのなかに心理的なバイアスや錯誤への防御が十分に組み込まれているか

どうかが有効な手がかりとなる。疑似科学はバイアスのかかった情報処理に無自覚で，ゆがみを防ぐ方法論を採用していない。人の自然な直感や欲求に適合的であって，一言で言ってしまえば「人にやさしい科学」なのである。

　一方，科学は，人のバイアスや錯誤（や測定エラー）を，可能な限り排除して，誤りを修正できるように，厳しい防御システムが何重にも組み込まれている。たとえば，逸話的な証拠を信用せずに，第7章でみたような比較対照条件や盲検法を用いた実験を重視することや，前述のピア・レビュー制度にはそうした意味がある。また，どのような主張に対しても，十分な再現性や他の科学知識との整合性が要求される。つまり，人間の観察や思考を基本的に信頼していない点で，正当な科学は「人に厳しい」ものなのだ。それは，ひとえに人間らしい錯覚に陥って足をすくわれないように，また陥ったときには修正できるように安全装置として働くのである。

■学習課題

1. 血液型占いや星占いがよく的中すると思う人には，血液型や星座を隠して診断部分だけを見せても，どれもよく当たっているように感じられるだろう。当たっていると感じる占い記事を素材として，本章をもとにそのメカニズムを複数の視点から説明しなさい。
2. 幽霊が実在するという主張は，心霊写真のような具体的証拠にもとづいていたとしても，しばしば反証不能な仮説とされる。幽霊仮説はなぜ反証不能と言えるのだろうか。

参考文献

ハインズ，T.（著），井山弘幸（訳）(2011). ハインズ博士　再び「超科学」をきる　化学同人　Hines, T. (2002). *Pseudo Science and the paranormal* (2nd ed.). Prometheus Books.

伊勢田哲治 (2002). 科学と疑似科学の哲学　名古屋大学出版会

菊池聡 (2012). なぜ疑似科学を信じるのか　思い込みを生むニセの科学　化学同人

シック，T. J. & ヴォーン，L.（著）菊池聡・新田玲子（訳)(2004). クリティカルシンキング　不思議現象編　北大路書房　Schick, T. & Vaughn, L. (1998). *How to think about Weird Things*. Mayfield Pub Co.

引用文献

ハインズ，T.（著），井山弘幸（訳）(2011). ハインズ博士　再び「超科学」をきる　化学同人

伊勢田哲治 (2011). 科学の拡大と科学哲学の使い道「もうダマされないための「科学」講義」pp.65-100，光文社

菊池聡 (2018). 心理学者は誰の心も見透かせるのか　楠見孝（編）日本心理学会（監修)『心理学叢書　心理学って何だろうか？四千人の調査から見える期待と現実』誠信書房，pp.119-151

菊池聡・佐藤広英 (2019). twitter 利用と疑似科学信奉との関連(2)　日本教育心理学第 61 回総会発表論文集

ラングミュア，I. (1990). 病める科学(上)　科学者の陥りやすい落とし穴　パリティ，Vol.5 No.12,

縄田健悟 (2014). 血液型と性格の無関連性—日本と米国の大規模社会調査を用いた実証的論拠　心理学研究，85，148-156.

大村政男 (1998). 新訂　血液型と性格　福村出版,

ポパー，KR. (1980). 開かれた世界とその敵　内田詔夫・小河原誠（訳）未来社

ポパー，KR. (1972, 73). 科学的発見の論理　上下　大内義一・森博（訳）恒星社厚生閣

坂元章 (1989). ABO 式血液型ステレオタイプによる選択的知覚　いわゆる「血液型性格判断」を否定する(3)　日本社会心理学会第三〇回発表論文集，29-30.

14 | 自己の錯覚

菊池　聡

《目標＆ポイント》　ある種の錯覚は私たちの精神的な健康に重要な意味をもっている。これは近年の心理学がもたらした重要な知見の一つだ。錯覚は，私たちが外界を見たり理解したりするときばかりではなく，自分自身を理解し，評価するうえでも起こる。自分をゆがめて認知すること，すなわち自己欺まんや自信過剰といった自己の錯覚は，従来の捉え方では「好ましくないもの」であり，精神的な不適応の兆候とも考えられてきた。しかし，こうしたポジティブな方向へのイリュージョンは誰もが基本的に備えており，心身の健康と深い関係を持つことが明らかにされつつある。こうした観点から，自己認知の錯覚とその役割を考え直していく。
《キーワード》　抑うつの現実主義，ポジティブ・イリュージョン，平均以上効果，制御幻想，非現実的な楽観主義

1. 自己認知における自己高揚

（1）正確な自己の認識と精神的健康

　たとえ「自分自身を客観的に捉え，現実から目をそらさずに正確な判断ができる」と表現されるような人は，知的で自己洞察に優れた健康な精神の持ち主と感じられるだろう。一方で「自分をわかっておらず，思い込みで偏った見方をするうぬぼれ屋」というのは，未成熟で社会に不適応な人格と考えられやすい。

　心理学の歴史を振り返っても「世界と自己に対する正確な認識」こ

そが精神的健康の重要な指標の一つと考えられてきた。自分を過大評価も過小評価もしないことは，何らかの目標を達成するために欠かすことのできない素養である。一方，自分自身や，周囲の人間関係を客観的に正しく認識する姿勢や能力に欠けることは，さまざまな失敗や不適応の原因になるだろう。

　しかし，こうした人間観に疑問を唱える研究が，80 年代ごろから盛んに行われるようになってきた。精神的に健康な人は，正しく現実を捉えるのではなく，自分に都合のよい枠組みから，自分のことを現実以上にポジティブな存在としてわい曲して捉えているのではないか，という視点である。こうしたポジティブな錯覚が，積極的な思考や行動，ひいては心身の健康向上に結び付くという研究報告が蓄積されてきている。

（2）抑うつ者は現実主義

　アロイとエイブラムソン（1979）の研究では，ボタンを押すと一定の確率で緑のライトが点灯する装置を大学生の実験参加者に操作させ，どの程度そのライトの点灯をコントロールできていたかを尋ねる実験を行った。実際には，ライトはボタン操作とは無関係に点灯することは隠されていた。もし，実験参加者が自分の操作と点灯の随伴性を正確に判断できるとしたら，「ボタン押しではコントロールできなかった」と評定するだろう。

　この実験の参加者は，抑うつ傾向を診断するテストで，抑うつ傾向群と非抑うつ傾向群に分けられていた。そして，非抑うつ傾向群の参加者には，ライトの点灯をある程度コントロールできたと錯覚する傾向が認められた。一方，抑うつ傾向群は，自分の操作は点灯に効果がないことを比較的正しく評価していた。自分の能力を過信せず，正確

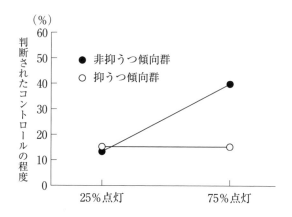

図 14-1　アロイとエイブラムソンの実験結果

ボタンの操作にかかわらず 25％と 75％の確率でライトは
点灯した。75％条件で，非抑うつ傾向群に錯覚が生じた。
縦軸はコントロールできたと判断された割合。

に捉えることができたのである（図 14-1）。

　また，レヴィンソンら（1980）の実験では，抑うつ者と非抑うつ者
が，5～6 名で 1 グループになって自己紹介やディスカッションを行う
課題に参加した。そして，終了後に発言などが適切にできたかどうかを，
自分で評価する自己評価と，観察者による他者評価の 2 つの方法で得
点化した。その結果，抑うつ傾向群では自己評価が他者評価とおおよ
そ一致したのに対して，非抑うつ傾向群では自己評価のほうが他者評
価よりも高くなっていた。この結果からは，抑うつ者の自己評価の低
さは，自己をネガティブにゆがめたためというよりも，非抑うつ者の
ほうが，自分をポジティブにゆがめたことで強調されたと考えられる。

　こうした実験的研究は，対象者も手法も限定されているため，現実
の「うつ」とそのまま対応させるのは難しいという問題はある。しか

し，多くの研究の結果から，抑うつ傾向を持つ人たちは，現実の世界を比較的正確に認知する傾向を持つことが次第に明らかにされてきた。

　この傾向は**抑うつの現実主義（リアリズム）**と呼ばれる。一般には，うつ者はネガティブな抑うつスキーマを持ち，現実をネガティブな方向へゆがめて解釈する傾向があるととらえられている。しかし，軽度な抑うつ（マイルドな抑うつ）者は，現実をネガティブに解釈するというよりも，正確に捉える傾向を示すようだ。そして，うつではない人たちこそ，自己認知が客観的な基準よりポジティブ（自信過剰）方向にゆがんでいるのである。

（3）健康な人が持つ自己高揚バイアス

　自己認知のポジティブなゆがみを扱った研究には，表14-1のようなものがある（小林，2010）。本書では，これまでもこうした自己高揚的な錯覚を何度も取り上げてきた。たとえば，表中の 4. のように，「成功したときには内的に，失敗したときは外的に」と原因帰属する傾向は，第 12 章の原因帰属における自己奉仕バイアスとして学んだものである。また，第 6 章で取り上げた記憶の錯覚と関連するのは，5. の「自己報告された成績と実際の成績のずれ」が生じる現象である。バーリックとベルガー（1995）の研究では，大学生に高校時代の成績を思い出させて実際の記録と照合を行った。その結果，実際よりも高い成績が思い出され，悪い評価はしばしば忘れ去られていたのである。一般に，自己に関する記憶には肯定的な内容に偏った想起がされやすいというポジティブ優位性効果がみられる。

表 14-1　自己高揚の主な種類　(小林 (2010) を一部改変)

1. 平均以上効果
2. 将来の出来事の相対的生起確率に関する楽観性バイアス
3. 将来の出来事の絶対的生起確率に関する楽観性バイアス
4. 成功・失敗の原因帰属についての内的 (能力) への帰属
5. アカデミック領域における自己高揚
   (自己報告による成績と実際のずれ)
6. 自己評価と他者の評価
7. 成功失敗経験後の課題への取り組み (粘り強さ)
8. 成功と失敗の記憶
9. 補償的自己高揚　ある特性が低いことがフィードバックされると，
   その他を高くする
10. 潜在的自尊心

2. ポジティブ・イリュージョンと平均以上効果

　テイラーとブラウン (1988) は，自分自身を実際以上にポジティブに
ゆがめて捉える傾向や能力を**ポジティブ・イリュージョン**と呼んで，
次の 3 つを指摘した。

　平均以上効果　自分自身を，現実よりも肯定的にわい曲して捉える。
　制御幻想 (コントロールの錯覚)　周囲の状況を実際以上にコント
ロールする力があると信じる。
　非現実的な楽観主義　現実以上に，自分の将来にはよいことが起
こり，悪いことはあまり起こらないと考える。

　これらが認知バイアスではなくイリュージョン (錯覚) と表現され
たのは，錯誤のようなネガティブなものを暗示するのではなく，認識
の在り方の一つであり，一般的で持続的な信念のパターンという意味

が込められている。そして，こうしたポジティブ・イリュージョンを
持つことが，精神的のみならず身体的な健康にも関連するという仮説
が提唱されている。

（1）平均以上効果

　平均以上効果とは，自分を実際以上に肯定的に過大評価する現象で
ある。欧米では数多くの研究がなされており，人の評価に関わるあら
ゆる領域で堅固に現れるとされている。

　社会心理学者のギロビッチ（1993）の言を借りれば「一般大衆の大半
は，自分が平均以上に知能が高く，平均以上に公平であり，平均以下
の偏見しかもたず，そして平均以上に自動車の運転がうまいと考えて
いる」ということになる。ギロビッチのまとめによれば，アメリカの
高校生で行われた調査では，自分のリーダーシップを平均以上と答え
た者は 70 パーセントになり，平均以下と考えていたのはわずか 2 パー
セントであった。他人とうまくやっていく能力が上位 10 パーセント以
内に入ると答えた高校生は 60 パーセントにもなった。大学教授を対象
とした調査では，その 94 パーセントが，自分が同僚よりも有能だと考
えていたという。

　高齢ドライバーの事故が問題になっている日本でも，高速道路会社
が行った調査で 65 歳以上のドライバーのうち，運転に自信があると答
えたのは 76 パーセントであった。男性ドライバーに限ると 80.7 パーセ
ントが「自信あり」と回答し，しかも年齢が上がるにつれて「自信あ
り」の回答が増加する傾向が認められた（NEXCO 東日本，2019）。

　こうした平均以上効果は，優れた人々ばかりが住む村を舞台として
ベストセラーとなったアメリカの小説から，別名レイク・ウォービゴ
ン効果とも呼ばれる。

平均以上効果を引き起こす原因は大きく2つ考えられる。1つは動機づけからの説明であり，私たちは自分自身を「よりよい者」と捉えたがる自己高揚動機が働いて錯覚が起こると考える。もう1つは，第12章で学んだ行為者観察者効果のような認知バイアスの働きである。自己評価を行うための材料は，しばしばあいまいで多面性を持つために，自分にとって都合のよい基準からの解釈が行われやすい。特に記憶のバイアスによって，自分の能力が発揮された成功例は失敗例よりもよく記憶され，判断の際に利用されやすくなる。これらの動機づけ要因と認知要因は相互に関連しながら，自分に都合のよいイリュージョンを促しているのである。

（2）平均以上効果の文化差

集団を対象として平均以上効果を調べる代表的な研究手法では，同年代・同性の平均的な人と比べて，自分が優れているか，劣っているか，を自己評価させる。ところが，日本人を対象として行われた調査では，平均以上効果はしばしば確認できず，平均以下という回答が優越する自己卑下傾向すらみられることがあった。そのため，当初，平均以上効果は欧米のように自己の優秀性を強く主張する必要がある相互独立的な文化に特有なものとも考えられた。つまり，日本のように周囲の人間とのつながりを重視し，相互に依存共感しあう相互協調的自己観が根づいている文化では欧米的なイリュージョンは現れないとも解釈できるのである。

しかし，自己高揚動機は適応的無意識の働きとして，人に共通するものと推測されている。であれば，日本人もポジティブ・イリュージョンは持ちながらも，調査方法や調査対象の問題から，それが適切に表現されなかったり，表れ方が欧米とは異なっていたりするのではな

いか，と予想できる。

　伊藤（1999）が大学生に行った調査では，自分は同年齢の大学生に比べて，何パーセントぐらいの順位にいるかを答えてもらった。ちょうど平均的であれば 50 パーセントとなる。その結果，「社交」「容貌」「経済力」「スポーツ」などの側面では，日本の大学生は自分を過小に評価する傾向（ネガティブ・イリュージョン）がみられた（図 14-2）。平均以上，以下と答えた割合でみても，特に女性では 7 割前後が「スタイル」を平均以下と回答している。しかし，「やさしさ」「まじめさ」といった領域について尋ねると，自分は他の平均的な大学生よりも優れていると答える傾向が，男女や大学を問わず，一貫して認められた。「やさしさ」が平均以上だと答えた学生の割合は全体の 7 割以上，「まじめさ」や「明るさ」「誠実さ」でも 6 割以上が平均以上と自己評価した。

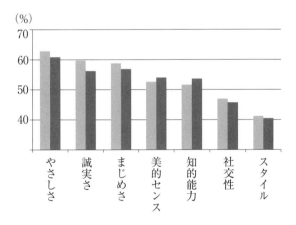

図 14-2　左は「同年齢の大学生全体の中で，あなたは何％ぐらいの位置にいますか？」という問いでの回答の平均値の一部（調査 2），右は「自分を同性同年齢の…」という問いでの回答（調査 3）。縦軸は全体のなかでのパーセンタイル順位を表す。（伊藤，1999）

　日本人では優しさやまじめさにイリュージョンが現れるというのは，これらの側面が社会で重視されていることの反映と解釈できる。もしくは，こうした特性は，評価基準があいまいなために，比較的自己評価の錯覚が生じやすいものでもある。

　また日本人は自分自身を直接持ち上げるようなイリュージョンは弱いが，自分が属する夫婦関係や友人関係は他の一般の関係性よりも好ましいと評価する（関係性高揚）ことで間接的に自己高揚を行う傾向がみられ，その関係性高揚が幸福感に影響することが報告されている。

3.　さまざまなポジティブ・イリュージョン

（1）制御幻想

　制御幻想もしくはコントロールの錯覚（イリュージョン・オブ・コントロール）とは，本来は自分の力とは無関係なことであっても，自分が対象の状態や結果に影響を与えると考えたり，そうした行動をとることである。たとえば，自分が成功する確率を客観的な確率以上に高く評価する場合に，この錯覚が現れている。前述のアロイとエイブラムソンの実験はその傾向を捉えたもので，実際には自分でコントロールしていないライトに影響を及ぼせたと錯覚が生じていた。

　制御幻想は，ギャンブルのように自分のスキルと偶然性が同一視されやすい状況でしばしば生じ，自分の力で勝ったように錯覚される。これも，平均以上効果と同じく，成功体験は想起されやすいが，失敗は忘れ去られる記憶バイアスの影響を受けている。

　また，制御幻想は，自分が関与したという理由だけで偶然をコントロールすることができるように感じさせ，そのために対象の価値が上がったという錯覚も起こす。ランガー（1975）の実験では，当たれば50ドルもらえるスポーツくじを1ドルで実験参加者に購入させた。その

際に，くじの束の中から自分で 1 枚を選ぶ条件と，自分で選ばせずに
ほかの実験参加者が 1 枚を選んで渡す条件を設けた。その後，当選結
果がわかる前にくじを言い値で買い戻そうと提案し，実験参加者に値
段をつけさせた。その値段の平均は，自分で選択したくじは 8.67 ドル，
渡されたくじは 1.96 ドルであった。つまり，自分で選択したというだ
けで，より当たる確率が上がるという錯覚が生じたのである。

（2）非現実的な楽観主義

　楽観主義とは，自分の将来に悪いことが起こる確率を低く見積もる
一方で，よいことが起こる確率を過大に見積もる傾向である。
　表 14-2 に，将来に起こる可能性を見積もらせたワインシュタインの

表 14-2　**将来のライフイベントが平均的な他者に起こる確率と，自分に起こる確率の比較**　（ワインシュタインのデータ，小林（2010）から抜粋）

ポジティブな出来事		ネガティブな出来事	
1. 大学卒業後に就く仕事を気に入る	50.2	1. アルコール中毒になる	−58.3
2. マイホームを持つ	44.3	2. 自殺を試みる	−55.9
3. 初任給が 100 万円以上	41.5	3. 結婚後，数年で離婚する	−48.7
4. ヨーロッパに旅行する	35.3	4. 40 歳以下で心臓発作を起こす	−38.4
5. 自分の成果が表彰される	12.6	5. 職場をクビになる	−31.6
6. 80 歳以上まで生きる	12.5	6. 大学を中退する	−30.8
7. 賢い子どもを持つ	6.2	7. 卒業後半年間，無職で過ごす	−14.4

　同じ大学の学生に比べて，以下の出来事があなたに起こる可能性はどれくらい
ですか，という質問に対し，全く起こらなければ−100％，同じくらいであれば
0％，2 倍であれば 100％，3 倍であれば 200％と 15 段階で回答させた。数値は平
均値。

研究（1980）の結果を示した。ここにみられるように，私たちは他の平均的な人たちと比べて，大事故に遭ったり重病かかったりするようなことはあまりなく，逆に健康で幸せな生活を送る可能性は高いと偏った見積もりをする傾向があることがわかる。

（3）ポジティブ・イリュージョンと心身の健康

　多くの研究から，ポジティブ・イリュージョンの諸指標は，抑うつ傾向だけでなく，さまざまな精神的適応や身体的健康と関連性を持つことが繰り返し報告されてきた。第12章で取り上げた学習性無力感理論によれば，自分が環境や対象をコントロールできないという経験を繰り返すと，無力感が学習されてしまい，それが抑うつ症状を引き起こすとされている。この無力感に対して，たとえ錯覚であったとしても，制御幻想を持つことは，精神的な健康によい影響を期待できるだろう。

　テイラー（1998）によれば，人生で望ましくないことをコントロールできるという信念は，健康的な習慣をもたらし，生活の中のストレスにうまく対処ができるようにし，健康への悪影響を最小限に抑えることができるという。また，主観的な幸福感に関する研究からは，幸せな人はポジティブな特徴が自分自身に起因していると考える傾向が強いことも指摘されている。

　楽観性の高さも，将来の価値を高め，自分がそれを実現できるという自信と高い動機づけにつながる。このため，楽観性の高い人は，積極的に問題に対処する姿勢を持ち，物事がうまく進まない場合も根気強く取り組む傾向がある。対人関係も良好に築くことができるために他者からのサポートも受けやすい。こうした要素が，結果として心身の健康によい影響を与えると考えられる。

　しかし，日本の社会の中では，ポジティブ・イリュージョンは抑制される傾向があり，自己卑下的なネガティブ・イリュージョンにとらわれてしまう場合も多い。それは謙譲や謙虚という美徳として評価される場面も多いであろうが，解決が難しいストレスフルな状況下では精神的な健康を低下させる因子の一つになるだろう。また，こうしたネガティブ・イリュージョンが，特に社会で不利な環境におかれやすい人々（たとえば女性）にとっては，自己の過小評価を促し，自分の希望を実現するうえで大きな障壁となってしまう可能性がある。

　一方で，一般向けの通俗心理学では，ポジティブ思考で多くの問題が解決するといった単純化された主張がしばしばみられる。しかし，無理にポジティブ一辺到な思考に矯正することにはいくつものリスクが伴う（第 15 章参照）。しかもポジティブな思考だけで何も具体的な行動を起こさないとしたら，それが心身の健康によい影響を与えるとは限らない。主観的な幸福感を規定する要因として，最も安定した影響力があるのが，たくさんの友人を持つことや人に対する感謝の気持ちといった社会的または対人的要因である。自分の将来やコントロール力への信頼が，積極的な思考や行動，そして豊かな人間関係を促すからこそ対人サポートをはじめとしたさまざまな望ましい効果が期待できることに注意したい。

■**学習課題**

　自分自身の日常で起こっている 3 種類のポジティブ・イリュージョンにはどのようなものがあるか，本章の説明に対応させてリストアップしてみよう。

238

参考文献

菊池聡（2008）. 自分だましの心理学　祥伝社

島井哲志（編）（2006）. ポジティブ心理学　21世紀の心理学の可能性　ナカニシヤ
　　出版

セリグマン，M（著）村上宣子（訳）（1994）. オプティミストはなぜ成功するか　講
　　談社文庫（パンローリングより新装改訂版（2013））（Taylor, S. E.（1989）.
　　Positive Illusion. Basic Books Inc.）

テイラー，S. E.（著）宮崎茂子（訳）（1998）. それでも人は，楽天的な方がいい　日
　　本教文社（Taylor, S. E.（1989）. *Positive Illusion.* Basic Books Inc.）

引用文献

Alloy, L. B., & Abramson, L. Y.（1979）. Judgment of contingency in depressed and
　　nondepressed students: Sadder but wiser?. *Journal of Experimental Psychology:
　　General. 108,* 441-485

ギロビッチ，T.（著），守一雄・秀子（訳）（1993）. 人間　この信じやすきもの　迷信
　　誤信はどうして生まれるか　新曜社（Gilovitch, T.（1991）. *How We Know
　　What Isn't So : The Fallibility of Human Reason in Everyday Life,* The Free
　　Press）

伊藤忠広（1999）.「社会的比較における自己高揚傾向：平均以上効果の検討」　心
　　理学研究，70, 367-374.

小林知博（2010）. ポジティブ認知の文化差　堀下一也（編）ポジティブ心理学の展
　　開　ぎょうせい，pp.152-164.

Langer, E.（1975）. The illusion of control. *Journal of Personality and Social Psychol-
　　ogy, 32,* 311-328.

Lewinsohn,P., Mischel, W., Cahplin,W., & Barton, R.（1980）. Social competence and
　　depression: the role of illusory self-perceptions. *Journal of abnormal Psychology,
　　89,* 203-212.

Taylor, S. & Brown, J. D.（1988）. Illusion and well-being : A social psychological
　　perspective on mental health. *Psychological Bulletin, 103,* 211-222.

Winstein, N. D.（1980）. Unrealistic optimism about future life events. *Journal of per-
　　sonality and Social Psychology, 39,* 806-820.

15 | 錯覚とメタ認知
錯覚とよいつきあいを築くために

菊池　聡

《**目標＆ポイント**》　全体のまとめとして，これまで取り上げてきた錯覚の数々が，私たちにとってどんな意味があるのかを再度確認し，そして錯覚との有意義なつきあい方を考えていこう。
　錯覚は一義的には物理的事実や合理的判断とは異なった経験を生み出す。しかし，それは必ずしも「誤り」という面からのみ捉えられる現象ではない。そこには人が限られた認知的な能力を効率よく活用して，よりよく環境に適応していこうという働きが表れている。また，大きな視点から，その対象が本来持っている以上の意味や価値を見い出してしまうことを錯覚と考えるならば，それは人類の豊かな文化そのものと言うこともできるのではないだろうか。とはいえ，錯覚は基本的にはさまざまな意味での「正しさ」とはずれた認知である以上，誤った信念や不適切な意思決定につながり失敗を引き起こす原因となることも間違いない。錯覚の適応的な働きを生かしつつも，大きな失敗に陥らないためには，錯覚を生じさせる自分の認知過程を客観的にモニターしコントロールするメタ認知の過程が重要となる。このメタ認知を中心とした心理学的なクリティカル・シンキングの技術や態度こそ，錯覚とともに生きる私たちに必要なものなのである。
《**キーワード**》　認知的経済性の原理，メタ認知，クリティカル・シンキング

1. 錯覚の積極的な意味

（1） 適応的な錯覚
　第1章でみたように，厳密に言うならば，錯覚とは対象の物理的性

質とは異なるものが知覚される現象である。これを広く捉えれば，認知過程で生じる無意識の情報バイアスによって，合理的で規範的な解や選択と，人の認知の間にずれが生じることも錯覚の一つである。いわば，系統的に起こる見間違い，思い違いであって，それは客観的な意味での正しい認識ではない。

　しかし，それぞれの章で繰り返し示されているように，誤った認知がもたらされるとしても，それは必ずしも人の認知能力の欠陥をそのまま表したものではない。限られた能力を生かして環境に適応していこうとする認知の高度な働きが，いわば副作用的に錯覚として表れているのである。もちろん，錯覚の中には脳神経回路の特性から必然的に生じるものもあるし，人の認知能力の限界が特定条件下で現れてしまう場合もある。しかし，自己評価を適切に保ちながら，より効率的に世界を認識し，環境に適応しようとする錯覚の働きは現代社会を生きていくうえで多くの示唆に富んでいると言えるだろう。

（2）錯覚が生み出される背景にあるもの

　さまざまな錯覚やバイアスの背景にあって，適応的な認知に影響を与える共通要因を大きく３つの視点から考えてみよう。

　第１に，私たちは生存のために，より的確に，そして素早く世界を認識する必要がある。しかし，人の感覚器の能力は貧弱なものであり，また注意資源も限定されたものである。そのため，私たちが環境から取り入れられる情報は，どうしても断片的で多義的な性質を持つものになってしまう。情報処理モデルから考えるならば，こうしたボトムアップ的な情報のみから，一つの安定した知覚や思考を導くのは非常に困難なことになる。

　これを補い，安定した世界を素早く把握するために，さまざまな周

辺の手がかりや，もともと持っている知識・スキーマといった利用可能な要素が動員される。こうした仕組みは，入力された以上の情報を利用するがゆえに，場合によっては錯覚につながるだろう。たとえば知覚の恒常性や，盲点の補完，周辺視での色認識のように本来存在しない情報を補って作り出す知覚プロセスは，世界を安定して一貫したものと捉えるために働く代表的な仕組みである。記憶過程においても，記銘した情報にのみ頼るのではなく，状況手がかりや知識を使って，整合性のある記憶の再構成が行われる。こうして私たちは，目で見た以上のことを見ることができるし，実際に記憶した以上の情報を利用することができるのである。

　また，おそらく，どんな生き物にとっても優先度が高いのは，危険をすばやく検知して，安全を確保する行動を起こすことであり，人の認知システムもその観点から自動的に働くように調整されている。これはおそらく進化の歴史の中で身につけたもので，生存のためには環境の中に脅威となるものをできるだけ早く発見し，即座に判断することが求められる。だからこそ，4分割表のすべてのセルを公平に考慮するような悠長な推論を進めるよりも，たとえそれが錯誤であったとしても，目立つ事例や印象的な出来事を手がかりとして，素早く危険を判断するほうが有利になる状況が多かったに違いない。知覚においても，対象をそのまま捉えるよりも，色や明るさの対比によってコントラストを強調して認識するほうが，環境の微妙な変化を捉えるうえでは有利となるはずだ。

　また，人にとって重要性の高い情報を優先的に捉えようとする仕組みが働き過ぎて，ときには錯覚を生み出すこともある。その代表例の一つが「顔」の認識である。知覚対象としての顔は生存にとって特別に重要な意味を持つ。たとえばこちらを見つめる顔（特に目）を検知

することは危険を避けるために決定的に重要なことである。また，表情から情報を素早く読み取ることや，重要な人物の顔を識別することは，社会生活を送るうえで不可欠のスキルとなる。このために人は顔を特別な対象として情報処理するシステムを発達させた。たとえば，私たちは目・鼻・口のように逆三角形に配置された情報を見ると，それを素早く顔だと認識する働きを備えている。このために，私たちは自動車のフロントグリルをはじめ，街中の至るところに，顔を感じ取ってしまうのである。この錯覚はシミュラクラ現象とも呼ばれている。

　第2に，こうした環境への適応と関連するのが，**認知的経済性**もしくは**認知的節約**の原理である。すなわち，認知システムの活動のすべてに共通するのが，できるだけ処理資源を節約して，最小の労力で認知を働かせようという性質である。つまり，人は手を抜けるところは手を抜いて，効率的な認知処理をしようとする。

　なぜならば，私たちが使える処理資源容量はいくらでも湧いて出るわけではなく，特定の活動に使い過ぎれば他の必要な働きを阻害し，人を疲弊させ，適切な認知が成り立たなくなってしまうからだ。

　そこで，私たちは，乏しい資源をできるだけ大切に使い，効率的に情報を処理するシステムを発達させてきた。ヒューリスティックはその代表であり，知覚や記憶にトップダウン的な情報処理が重要な役割を果たすのも，その影響下にある。

　ここまで数章にわたって取り上げた確証バイアスも認知的経済性の表れという性格を持つ。予想もつかない新奇な事態は大量の資源を消費するが，それが予想どおりで一貫したものであれば処理資源は最小限で済む。このように世界を予想に沿って捉えようとする傾向が，すなわち確証バイアスや後知恵バイアスとして表れるのである。この点で，人間の認知はきわめて保守的な性格を持つと言えるだろう（**認知**

的保守性の原理）。

　これら認知の適応性や経済性に共通する要素として，人はランダム性を嫌い，身の回りのランダムな出来事の中から規則性や秩序性を発見しようとする傾向が指摘できる。アリストテレスは「自然は真空を嫌う」と言ったというが，社会心理学者ギロビッチは，「人間の本性は真空を嫌う」と表現した。つまり，人は予期できなかったり無意味だったりする現象に我慢がならない。そのために混沌とした世界の中に，一定の秩序やパターンを見い出そうとするのだ。あいまいな模様の中に何かを見てしまう錯覚（パレイドリア）などに，その性格がよく表れている。対象がランダムではなくなり，そこに規則性や因果関係の連鎖を把握できれば，認知的負荷は低くなり，因果を手がかりに将来の予測や制御が可能になる。それは危険を感知して生き残るうえでも有利な要素になるだろう。また，人類はこうして多くの自然法則を見い出してきたのである。

　錯覚の背後にある第3の要因は，人は単なる情報処理機械ではなく，自己概念と感情をもって日々を能動的に生きていることと関係する。人が，精神的な健康を維持して，将来への動機づけを高めて暮らしていくためには，ネガティブな感情を排除し，自己を肯定的に捉えるバイアスが重要な意味を持つ。そのために，自分の成功を個人的要因に，失敗を状況要因に帰属させようとする。また自分は優れた存在で環境をコントロールでき，将来によいことがあるというイリュージョンも抱くだろう。もし，こうした自己肯定や自己の一貫性が失われ，自己に関わるネガティブ情報が思考を支配するようになると，精神的な健康が失われる可能性がある。たとえば手痛い失敗経験などから自分自身の能力を過小評価し，いわばネガティブ・イリュージョンとも言える錯覚にとらわれてしまう人も少なくない。私たちに降りかかるスト

レスフルな状況を乗り切るため，人が本来持つポジティブな錯覚を回復させ一種の防衛として現実をゆがめることは，決して不適切な考え方ではない。このような「自分だまし」は，人にとって自然な働きであり，ストレスを緩和し，除去するコーピングに有効に利用できると考えられる。

（3）文化や社会にとっての錯覚

　私たちの内的世界が，現実の世界の機械的な写像にすぎず，対象には即物的な意味以上のものが感じとれないとしたら，そこには文化や社会は成り立たないであろう。1枚の絵画は単にキャンバスに盛られた絵の具のパターンではなく，そこから人の内的世界に限りない感興を引き起こすことができる。人はさまざまな対象に，客観的現実以上のものを見い出し，そこに深い意味を生じさせる。すなわち，文化や芸術といったものは，多かれ少なかれこうした広い意味での錯覚や共同幻想に支えられているとも言えるだろう。

　第4章，第5章では美術における多様な錯覚を紹介してきたが，振り返ってみれば，個々の技法や事例のみならず，錯覚に満ちた美術を価値あるものとして受け入れること自体，広義の錯覚と言ってもよいのかもしれない。この錯覚は，時に作品の高騰や，がん作の流通といった社会問題をも引き起こすが，しかし，美術という「錯覚」が，私たちの文化の一局面を鍛え，豊かにしているのは，紛れもない事実である。

　また，楽観性や自信過剰に関係する錯覚は，個人にとって重要であるだけでなく，しばしば積極的な行動を促すことで社会を活性化させ，現実を変容させる力にもなる。

　「人間は判断力の欠如によって結婚し，忍耐力の欠如によって離婚

し，記憶力の欠如によって再婚する」というのはフランスの劇作家サラクルーの名言とされる。私たちの人生には，さまざまなリスクがつきものである。もしも，あらゆる重要な判断が錯覚なく行われるとしたら，人は結婚することすらないのだろうか？

　あいまいな状況で生じるポジティブな錯覚こそ最初の一歩を踏み出す力になることもあるだろう。たとえば，起業家を対象に行われたアンケートでは，客観的に推定して自社が失敗する確率はどれくらいかという問いに 7 割近くがゼロと回答したという（加藤・岡田，2010）。現実には，日本の新規開業起業は，4 年で 5 割以上が廃業してしまう（製造業の場合・『中小企業白書 2006』）。冷静な目で見れば，こうした楽観性の錯覚はリスクの過小評価につながり，数々の失敗につながるのは事実である。しかし，社会全体を見てみれば，こうした挑戦的な試みが絶えず行われることが社会の活力や予期せぬ発展，成長につながることは否めない。

　このように錯覚には現実を変える力がある。必ずしも正しくはないことでも，人の行動が介在することでそれが現実になってしまう現象は，**予言の自己成就**と呼ばれる。たとえば血液型性格判断は錯覚の産物であるが，それを信じることで自分の性格の捉え方が血液型の予言に沿って変わっていくという報告がある（山﨑・坂元，1991）。また，第 14 章で取り上げたように，ポジティブ・イリュージョンを抱いて，それにもとづいて実際に行動をすることが心身の健康によい要素をもたらすのも，一種の予言の自己成就現象だ。逆にネガティブ・イリュージョンによって，自分自身を過剰に卑下することで行動の機会が失われると，それによって本当にネガティブな結果が生じてしまうのである。

2. メタ認知とクリティカル・シンキング

（1） メタ認知の重要性

　錯覚には数々の積極的な意味があることは間違いない。しかしながら，錯覚は客観的な意味での正しい現実認識をもたらさないがために，誤った判断と意思決定を招き，そこからさまざまな失敗や災厄につながる可能性が高いことも事実である。たとえば，因果関係の錯覚や，価値の錯覚，原因帰属の錯覚は，経済的な損失のもとになり，人間関係を誤らせ，詐欺に引っかかる原因になり，仕事や生活上の多くのトラブルを引き起こすだろう。楽観性や自信過剰といったポジティブな錯覚も，精神的な健康を促す代償として，前述したように分析的な思考を阻害し，正しいリスク認知を妨げる副作用を伴っている。それが大きな失敗につながることはしばしばみられる。たとえば災害の発生時に，楽観性バイアスや現状維持バイアスが働くと，被害を拡大させ深刻な事態を招いてしまうのである。

　私たちは，こうした2つの顔を持つ錯覚とどうつきあっていけばよいのだろうか？

　おそらく，この問いには万人に共通する正解というものはない。「ジョギングが健康によい」のが事実だとしても，病気で動けない人にジョギングをさせてはかえって健康を害する。同じように，たとえばポジティブ・イリュージョンも，その人の心身の状態や，社会的立場といったさまざまな要因によって，つきあい方を変えていくべきことがわかる。

　ただ，こうした錯覚とのつきあい方を考えるうえで，共通した基盤になる重要な考え方は，自分の認知システムで生じる錯覚やバイアスを自覚的に捉え，それに振り回されずに，適切に制御しようとする姿

勢である。そして，これは認知している自分を認知しているという意味で**メタ認知**（meta cognition）と呼ばれる重要な心理的な働きである。

　錯覚についてのメタ認知があるからこそ，私たちはそれに任せる選択も，注意を払う選択もすることができる。私たちの人生は毎日が問題解決や意思決定の連続である。そうした局面で，できるだけ正しく適切な判断を下そうと思ったら，メタ認知の習慣がある人と無頓着な人の間には，長い目でみれば大きな違いが出てくるであろうことは想像がつく。

　メタ認知は，どのように錯覚に関わりうるのか，すでに学んだ例で考えてみよう。

　たとえば人には目立つ事例や仮説の確証例ばかり見たがるバイアスがある。であれば，普段はそれでいいとしても，重要な判断にあたっては，1つの仮説で対象をみるのではなく，複数の仮説を比較するようにしてみよう。特に，反証例を意図的に探すように心がけよう。そのうえでは，4分割表のようなマトリックスを作るツールを利用するのが有効ではないだろうか，というように。

　また，人は自分が関係する原因推論では，自分勝手なバイアスをかけてしまうことを避けられない。では，重要な意思決定にあたっては「自分ではなく誰か別の人であればどう考えるか」「無関係の他人であればどんな情報に着目するか」といった複数の異なる視点で見るようにしよう，というように。

　錯覚についてのメタ認知は，こうした反省的な思考の基盤を形作ることで，錯覚のリスクを最小限に抑える働きをするだろう。そして，このように自分の推論過程に対するモニタリングとコントロールを応用した実践的な思考こそが，心理学的なクリティカル・シンキングの核心をなす重要な要素なのである。

（2）クリティカル・シンキングのススメ

クリティカル・シンキング（critical thinking）とは，物事を合理的に考えて，適切な意志決定を行うための良質な思考の総称である。日本語では**批判的思考**と訳されるため，批判という言葉からネガティブな印象も受けるかもしれない。しかし，これは何かを否定したり足を引っ張ったりするような意味での批判ではなく，対象の本質を捉えて，客観的に批評的に考えるという意味である。

もともと，クリティカル・シンキングはアリストテレス以来の哲学や論理学をベースに発達してきたが，現在ではその重要性が広く認識され，学校教育はもとより，人の論理的な思考力と的確な判断が必要とされるさまざまな実践の場で応用されている。たとえば，書店のビジネス書の棚にはクリティカル・シンキングの本が多く並んでいるのを見ることができるはずだ。

非常に幅広いクリティカル・シンキングの概念だが，その特徴は，表15-1のように非クリティカルな思考と対比するとわかりやすいだろう。

表 15-1　非クリティカルな思考とクリティカルな思考の違い

非クリティカルな思考	クリティカルな思考
意識的な手順なし	系統だった自覚的思考
非論理的で思いつき	熟慮的
その場しのぎ・断片的	計画的・体系的
自分中心	複数の視点
データ軽視	客観的，証拠の重視
情報をうのみにしやすい	情報を吟味し，裏付けをとる
過去の延長上	探求的

　こうした多様なクリティカル・シンキングにみられる核心的な要素としては，次の3点が指摘できる（楠見，2011）。

① 論理的，合理的で，規準に従う思考

② 自分の推論プロセスを意識的に吟味する内省的（reflective）・熟慮的思考

③ よりよい思考を行うために目標や文脈に応じて実行される目標志向的思考

　クリティカル・シンキングで伝統的に最重要視されるのは，①論理的，合理的であるという点だ。自分の考えであれ他人の主張であれ，それが論理的に正しく根拠づけられているかどうかを熟慮しなければならない。そこでは論理学的な意味での規準に従うだけでなく，ある情報をそのまま証拠もなしに信じるのではなく，その情報の根拠や内容がどの程度確かなものなのかを批判的に吟味分析する過程を含んでいる。

　とはいえ，クリティカル・シンキングは論理的正しさだけを追及した融通の利かない無味乾燥なものではなく，よりよい意思決定に至るために，③目標や文脈に応じて柔軟に考える目標志向的思考だという性格もある。メディアから情報を得たり，人の話を聞いたり，文章を読み書きするときに役立たせることができる実践的な思考である。したがって，場合によってはクリティカルに考えないという選択，そして錯覚を許容したり活用したりする思考も，クリティカル・シンキングから導かれる合理的な判断になる。

　心理学的な要素を重視したクリティカル・シンキングでは，②自分の考え方を内省的に捉えることを重要視する。つまり，結論と行動決定に至る過程を，無自覚なうちに思いつきで進めてしまうのではなく，

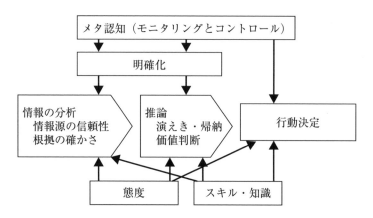

図 15-1　メタ認知とクリティカル・シンキングのプロセス（楠見，2011）

　自分がどのように情報を分析し，それをもとにどう推論して適切な行動を選択していくのかを，モニターしコントロールする過程を組み込んでいくのである。これが心理学的クリティカル・シンキングの核心ともいえるメタ認知に対応するものである（図15-1）。

　このメタ認知的過程が適切に働くことで，最終的によい意思決定がなされる可能性が高くなるだろう。そのために，この「錯覚の科学」で学んだ錯覚と認知についての知識は，皆さんのメタ認知の向上に貢献する手がかりとして，大いに有用性を発揮できるはずである。

（3）錯覚とのつきあい方

　無意識のうちに起こる錯覚は，情報をゆがめることで適応に役立てていく自然な認知システムの反映である。その一方で，錯覚を抑制し，より合理的で意識的な情報処理を行おうとするのも，また私たちの認知システムの一つの側面である。現在の認知心理学では，こうした2つのシステムの働きから日常的な認知を捉えようとする二重過程モデ

ルが一般的だ。

　これら2つの過程をいかにメタ認知的に捉え，両者のバランスを取っていくか，ということが，クリティカル・シンキングが実生活の中で適切に機能するための重要なポイントの一つである。

　そのために，ここでは「ホットハートとクールマインド」という考え方を覚えておきたい。これは，もとは経済学者の格言をもじったもので，熱い心と冷静な頭を自分のなかに共存させよう，という考え方である。たとえばポジティブ・イリュージョンのように動機づけを高めるハートでの錯覚は大いに促しつつ，それをメタ認知的にモニターし制御する冷静なマインドをどこかで働かせておくような状態だ。ネガティブな感情は，状況がうまく行っていないことのシグナルであり，情報を精査する思考を促す機能があることを活用したい。これをたとえるならば，心を強力なエンジン（錯覚）で駆動し，それに冷静なドライバー（メタ認知）が状況をよく見て，ブレーキをかけるという関係である。これを意識することが両者のバランスの在り方としてとても望ましい状態と言えるだろう。

　最後に一つ興味深い研究を紹介しよう。本書で学んだ錯覚の数々をもとに自分自身の思考をメタ認知的に捉え直せば，いかに自分に自信があったとしても，そこにはゆがんだ見方が入り込むし，間違うことがあって自然なのだという考え方に至るかもしれない。こうした考え方は可 謬 主義と呼ばれ，クリティカル・シンキングを支える概念として重要なものだとされている（道田，2001）。

　一方で，私たちは，さまざまな認知バイアスは他人では生じるが自分ではあまり生じないと考える「バイアスの盲点」を持っている(Pronim, Lin & Ross, 2002)。このように自分が世界をありのままに客観的に正しく認識しているという自己中心的で素朴な知覚傾向はナイー

252

ブ・リアリズムと呼ばれる。この傾向は，情報の利用可能性や自己高揚という点からみても当然の錯覚なのだが，これがしばしば自分とは異なる意見を持つ他者はゆがんだ見方をしていると考えることにつながり，対立やいさかいを生む一つの要因となっていることは否めない。

バイアスの盲点は，思考能力や態度を改善しても，なかなか低減されないとも指摘されている（West, Meserve, Stanovich, 2012）。しかし錯覚を体験することで，こうした自己中心性が改善される可能性を示したのがKambara（2017）の研究である。この実験では，まず実験参加者に第3章で紹介した北岡による動く錯視を体験させることで自分自身の知覚体験への疑念を促した。そのあとに，他者の考え方について判断を求めたところ，自分の意見は正しく，これに反する相手の意見はゆがんでいると考えるバイアスが軽減されたことが明らかになった。自分を過信する自己中心的な考え方が，錯視体験によって柔軟な方向へ影響を受けたのである。

本書においても，全15章にわたって，さまざまな錯覚を経験してきた。この経験が単なる知識の修得に終わることなく，より柔軟で多面的なものの見方を促し，人と人とがよりよく理解し合える社会の実現に寄与することを願っている。

■学習課題

本書でこれまで取り上げてきたさまざまな錯覚の中で，自分自身の生活に関わりのあるものを3つ以上取り上げて，その適応的な意味と，失敗に陥らないために注意すべきメタ認知のポイントを対比させて表にまとめてみよう。

参考文献

楠見孝・道田泰司（編）(2015). ワードマップ批判的思考　新曜社

ゼックミスタ＆ジョンソン（著）, 宮元博章他（訳）(1996). クリティカルシンキング 入門篇　北大路書房（zechmeister, E. B. & Johnson, E. J.（1991）. *Critical Thinking：A Functional Approach*, Brooks/Cole Pub Co.）

楠見孝・子安増生・道田泰司（編）(2011). 批判的思考力を育む　学士力と社会人基礎力の基盤形成　有斐閣

引用文献

Kambara, A.（2017）. Effects of Experiencing Visual Illusions and Susceptibility to Biases in One's Social Judgments. *Perceptula and Motor Skills*, SAGE OPEN.

加藤英明・岡田克彦（2010）. 人生に失敗する 18 の錯覚　講談社

楠見孝（2011）. 批判的思考とは　市民リテラシーとジェネリックスキルの獲得　楠見孝・子安増生・道田泰司（編）批判的思考力を育む　学士力と社会人基礎力の基盤形成　有斐閣

道田泰司（2001）. 批判的思考　森敏明（編）　認知心理学を語る 3　おもしろ思考のラボラトリー　北大路書房　105-120.

Pronin, E., Lin, D. Y., & Ross, L.（2002）. The biase blind Spot：Perceptions of bias in self versus others. *Personality and Social Psychology Bullentin, 28,* 369-381.

West, R. F. Meserve, R. J., & Stanovich, K. E.（2012）. Congnitive sophistication dose not attentuate the bias blind spot. *Journal of Personality and Social Psychology, 103,* 506-519.

索引

●配列は五十音順，＊は人名，＊＊は作品名を示す。

256

258

分担執筆者紹介

（執筆の章順）

金井　直（かない・ただし）

・執筆章→5

1968 年	福岡県に生まれる
1991 年	京都大学文学部卒業
1996 年	京都大学大学院文学研究科博士後期課程研究指導認定退学
1999 年	京都大学博士（文学）
2000〜2007 年	豊田市美術館学芸員
2007〜2017 年	信州大学人文学部芸術コミュニケーション分野准教授
現在	同教授
2017〜2018 年	ヴェネツィア大学哲学文化財学科客員研究員
専攻	美学美術史学
主な著書	彫刻の解剖学（共著）ありな書房（2010）
	像をうつす　複製技術時代の彫刻と写真（単著）赤々舎（2022）

齊藤　智（さいとう・さとる）

・執筆章→6

1965 年	島根県に生まれる
1993 年	京都大学大学院教育学研究科博士後期課程研究指導認定退学
1993 年	鳴門教育大学助手
1995 年	大阪教育大学助手，1999 年　同大学助教授
1996 年	京都大学博士（教育学）
2000 年	英国ブリストル大学客員研究員（2001 年まで）
2002 年	京都大学大学院教育学研究科助教授
2007 年	同大学准教授
2016 年	教授（現在に至る）
専攻	認知心理学

主な著書　Joint cognition and the role of human agency in random number choices. *Psychological Research, 83*(3), 574-589. 2019.（共著）

Person-based organisation in working memory. *Quarterly Journal of Experimental Psychology, 72*(6), 1439-1452. 2019.（共著）

ワーキングメモリトレーニングと流動性知能　―展開と制約―　心理学研究, 第 90 巻, 第 3 号, 308-326, 2019.（共著）

Determining the developmental requirements for Hebb repetition learning in young children: Grouping, short-term memory, and their interaction. *Journal of Experimental Psychology : Learning, Memory, and Cognition, 45*(4), 573-590. 2019.（共著）

The interaction between temporal grouping and phonotactic chunking in short-term serial order memory for novel verbal sequences. *Memory, 27*(4), 507-518. 2019.（共著）

The effects of Hebb repetition learning and temporal grouping in immediate serial recall of spatial location. *Memory & Cognition, 47*, 643-657. 2019.（共著）

Repeated sequential action by young children: Developmental changes in representational flexibility of task context. *Developmental Psychology, 55*(4), 780-792. 2019.（共著）

編著者紹介

菊池　聡 （きくち・さとる）

・執筆章→1〜4，7〜15

1963年	埼玉県に生まれる
1986年	京都大学教育学部卒業
1993年	京都大学大学院　教育学研究科博士後期課程単位取得退学
1994年	信州大学人文学部専任講師
現在	信州大学人文学部　教授
専攻	認知心理学・文化情報論
主な著書	『なぜ疑似科学を信じるのか　思い込みが生み出すニセの科学』化学同人（2012） 『自分だましの心理学』祥伝社（2008） 『超常現象をなぜ信じるのか』講談社（1998）

放送大学教材　1529404-1-2011（テレビ）

改訂版　錯覚の科学

発　行	2020 年 3 月 20 日　第 1 刷
	2023 年 8 月 20 日　第 3 刷
編著者	菊池　聡
発行所	一般財団法人　放送大学教育振興会
	〒105-0001　東京都港区虎ノ門 1-14-1　郵政福祉琴平ビル
	電話　03（3502）2750

市販用は放送大学教材と同じ内容です。定価はカバーに表示してあります。
落丁本・乱丁本はお取り替えいたします。

Printed in Japan　ISBN978-4-595-32178-8　C1331